Ralph Shallis

Zungenreden aus biblischer Sicht

clv
Christliche
Literatur-Verbreitung e. V.
Postfach 1803 · 4800 Bielefeld 1

Verlag und Schriftenmission der
Evangelischen Gesellschaft
für Deutschland
Wuppertal

1. Auflage 1986
2. Auflage 1987
ISBN 3-87857-229-8 (EGFD)

Umschlaggestaltung: Eberhard Platte
Gesamtherstellung: Druckhaus Gummersbach

INHALTSVERZEICHNIS

Kapitel 10

EINFÜHRUNG IN DAS STUDIUM VON 1.KORINTHER 14

Kapitel 11

DIE BIBLISCHE BEDEUTUNG DER BEGRIFFE: »PROPHETIE« UND »SPRACHEN«

Kapitel 12

FÜR EINE AUSGEWOGENE AUSLEGUNG VON 1.KORINTHER 14

Kapitel 13

UNTERSUCHUNG DES TEXTES VON 1.KORINTHER 14:1 BIS 3

Kapitel 17

1.KORINTHER 14:14 BIS 17

Kapitel 18

1.KORINTHER 14:18 BIS 20

Kapitel 19

1.KORINTHER 14:21 BIS 25

Kapitel 20

1.KORINTHER 14:26 BIS 38

Kapitel 21

1.KORINTHER 14:39 UND 40

Kapitel 22

1.KORINTHER 14:21

ZWEITER TEIL
BETRACHTUNGEN

Kapitel 23

GIBT ES HEUTE EINE WAHRE SPRACHENGABE?

Kapitel 24

FLEISCHLICHE SPRACHEN IN DER GEMEINDE?

Kapitel 25

DÄMONISCHE SPRACHEN IN DER GEMEINDE?

Kapitel 26

DER LOGOS GOTTES

KAPITEL 27

DIE ZUNGE IST DAS TRANSPORTMITTEL DES WORTES

Anhang A

DIE GABE DER UNTERSCHEIDUNG DER GEISTER

EINLEITUNG

WARUM DIESES BUCH?

Das Thema »Zungenreden« ist *nicht nur eine Lehrfrage: Es führt in der Tat zu einer Praxis,* die das Leben von Millionen Christen und die Beziehung zwischen Gemeinden beeinflußt. Diese Streitfrage spaltet die Gemeinde in einer Zeit, in der sie es am allernötigsten hätte, den politischen, wirtschaftlichen, sozialen, technischen, religiösen und okkulten Mächten[1)] gegenüber eins zu sein, welche ihre Existenz bedrohen. Dieses Thema geht also nicht nur Akademiker an.

Ich stelle bestürzt fest, daß sogar anerkannte Prediger sich nicht immer im klaren über den Sinn der biblischen Texte sind, die diese Frage behandeln. Wenige Christen bemühen sich, diese Frage *gründlich* in der Heiligen Schrift zu untersuchen. *Dieses Buch soll darum eine vollständige und eingehende Untersuchung der Bibeltexte sein, die sich auf die Gabe des »Zungenredens« beziehen.*

Seit einiger Zeit wird die Welt mit Zeugnissen, Behauptungen und Ermahnungen über den Heiligen Geist überschwemmt. Bestimmte Gesichtspunkte dieser Propagandawelle beunruhigen mich aber sehr.

Ich werfe ihr vor allem *eine schlechte Auslegung* des Bibeltextes vor: Es werden bestimmte Verse oder — noch schlimmer — Halbverse aus ihrem Zusammenhang gerissen, um eine vorgefaßte Meinung zu »beweisen«, ohne Rücksicht auf den Gesamtsinn des betreffenden Abschnittes oder der vollständigen Bibellehre: Schlußfolgerungen werden auf eine oder mehrere im voraus ausgewählte Stellen begründet und andere sehr deutliche Stellen dabei mehr oder minder bewußt beiseite gelassen. Diese Art von Manipulation wird in der Welt *Sophismus* genannt. *Das ist einfach unehrlich.* Ich rufe zum Herrn, dem Gott Jesu Christi: Verteidige Dein Wort!

Über den Heiligen Geist und seine Gaben schenkt uns Gott in der Schrift eine Lehre, die in ihrer Gesamtheit äußerst klar ist. Gott hat zugelassen, daß einige Punkte schwer auszulegen sind (und es gibt mehrere davon!). Dennoch bin ich überzeugt, daß die göttliche Weisheit diese Probleme nicht einfach im Text belassen hat, um uns zu verwirren oder uneins zu machen. Auch nicht, weil sie sich nicht klar genug hätte ausdrücken können.

Nein! *Die Schwierigkeiten dienen dazu, unser Herz zu erforschen, unseren Geist zu prüfen.* Menschen, die wirklich vom Heiligen Geist bewegt werden, nehmen vor diesen Problemen eine demütige Haltung ein. Andere dagegen, die von einem eher fleischlichen Geist bewegt werden, sehen in den schwierigen Textstellen einen Grund zur Spaltung.

Paulus sagt, daß die Trennungen vom Fleisch kommen.[2] Judas sagt, daß sie von irdisch gesinnten (gr.: *psychikos*) Menschen kommen, die den Geist nicht haben (gr.: *pneuma*).[3] Jakobus sagt, daß ein bitterer Eifer und ein Geist der Streitsucht eine »Weisheit« sind, die irdisch, sinnlich (gr.: *psychikos*) und teuflisch (gr.: *daimoniodes*) ist.[4]

Ich habe keinen Zweifel: Die meisten Gemeinden müssen für Christus erweckt und sogar revolutioniert werden. Aber es gibt eine gute und eine schlechte Art, für Gott zu arbeiten. Ein Eifer kann geistlich oder fleischlich sein. Die Gemeinde Christi wird bestimmt nicht erbaut, indem man sie spaltet oder die Gemeinschaft des Geistes zerstört.

Der Teufel hat ein höllisches Vergnügen daran, die Gemeinde zu zerstückeln. Er weiß, daß ein in sich gespaltenes Reich nicht bestehen kann. Ich wage mich darum nicht in polemischer Gesinnung auf dieses umstrittene Feld. Sollte ich den Leib Christi aufs neue zerreißen? Möge Gott mich davor bewahren! *Im Gegenteil: Weil ich diesen Leib schon weltweit durch diese Streitfrage zerrissen sehe, öffne ich nach 25 Jahren schweigender Wartezeit schließlich den Mund.* Ich bitte Gott, sein Wort zu erleuchten und uns durch »die Wahrheit in Liebe« zu vereinen.[5]

Ich weiß, daß meine Brüder, die diese Ausführungen lesen, nicht von vorneherein mit allem, was ich sage, einverstanden sein werden. Es steht ihnen völlig frei, meine Schlußfolgerungen und Überlegungen anzunehmen oder abzulehnen. *Ich möchte sie nur um zwei Dinge bitten:*

- *alles ganz ehrlich selber im Worte Gottes zu überprüfen;*
- *an meine Liebe zu ihnen zu glauben.*

Ich habe Liebe zu meinen Brüdern, und damit auch das Recht und die Pflicht, die Wahrheit zu sagen, wie ich sie durch die Gnade verstehe, die mir Gott in seinem Erbarmen verliehen hat.[6] Wir wollen uns alle gemeinsam ganz neu unter das

Wort Gottes stellen. Das ist die beste Art, uns gegenseitig zu helfen. Dieses Buch ist ein Warnruf auf jenen großen Tag hin, an dem unser Glaube durchs Feuer geprüft werden wird.

Ich behaupte nicht, alle Fragen beantworten zu können, die durch die Streitfrage über die »Gabe des Zungenredens« aufgeworfen worden sind. Selbst sehr engagierte Christen sind in der Auslegung gewisser Schriftstellen verschiedener Meinung. Darum müssen wir diese Punkte mit Demut und Ehrfurcht angehen.

DER EINZIGE MASSTAB: DAS WORT GOTTES

Das schlechte Verständnis des Wortes Gottes führt unweigerlich zu einem schlechten Verständnis seines Autors, dem Geist Gottes. Die Unkenntnis des Wortes Gottes stellt das größte Unglück unserer Generation dar. *In den Gemeinden lehrt man sehr wenig über die Notwendigkeit, persönlich und täglich die Bibel in ihrer Gesamtheit zu studieren.* Solange unser Schriftverständnis unzureichend bleibt, kann der Feind unsere Gedanken prägen und sie auf ein ungöttliches Ziel lenken. Deshalb wollte ich in diesem Buch den Hauptton auf die Autorität des Wortes Gottes legen. *Der Geist Gottes und das Wort Gottes können nicht voneinander getrennt werden.*

Letzten Endes muß die Heilige Schrift selbst die Antwort auf die Fragen geben, die sie aufwirft. Angesichts der Verwirrung, die die Lehre über die Sprachengabe umhüllt, müssen wir vor allem den genauen Sinn des Bibeltextes entdecken. Darum habe ich mir die Disziplin auferlegt, die drei Grundregeln der Schriftauslegung zu befolgen:

1. Das ganze Wort Gottes

Ich habe es mir zum Ziel gesetzt, *ohne Ausnahme alle Bibelstellen,* die sich auf die Sprachengabe beziehen, *vollständig und klar zu untersuchen.* **Insgesamt gibt es fünf Stellen.** *Ich habe also diese fünf Stellen aufs genaueste im griechischen Urtext studiert und sie in ihren wahren Zusammenhang gestellt,* um jede falsche Schlußfolgerung zu vermeiden.

2. Nichts als das Wort Gottes

Wir müssen diese Texte *mit einem wirklich offenen Geist* lesen und auf unsere Vorurteile verzichten. Anstatt uns mit widersprüchlichem Hörensagen zu begnügen, werden wir auf den Verfasser und Eingeber der Texte hören, auf den Heiligen Geist. Diese Regel scheint so einfach. Sie ist aber tatsächlich sehr schwer anzuwenden. Nur mit großer Mühe unterscheiden wir zwischen dem Wort Gottes selbst und den menschlichen Auslegungen dieses Wortes, die wir gewöhnt sind. Ich betone aber: *Um eine biblische Wahrheit zu definieren,* müssen wir jedesmal zur Quelle gehen. *Ich lehne es ab, den göttlichen Logos mit etwas anderem zu vertauschen.* Das Wort Gottes ist die Quelle aller Wahrheit: *Die Quelle ist reiner als der Teich.*

3. Das Wort Gottes, wie es sich selbst auslegt

Zur *Auslegung* dieser Texte habe ich mich *vor allem auf die Schrift bezogen. Über jede Lehre enthält die Bibel mindestens eine völlig klare Stelle, die unserem Geist keinen Zweifel läßt. Ich gebrauchte den klarsten Text als* ***Schlüssel,*** um diejenigen zu erklären, die zwei oder mehrere Auslegungen erlauben. So überlasse ich meinem Schöpfer die Aufgabe, selbst seine Gedanken klar zu machen: Ich vertraue ihm.

DIE BIBELTEXTE ÜBER DIE GEISTESGABEN

Wir können nur den wahren Sinn der Sprachengabe verstehen, indem *wir die vollständige Bibellehre über die Geistesgaben in ihrer Gesamtheit* berücksichtigen. Die Sprachengabe ist nur eine Gabe von vielen: Wir müssen sie in ihrem Rahmen betrachten. Um den Wert einer Musiknote zu schätzen, muß man sie innerhalb der ganzen Melodie hören. Um die biblische Lehre von der Sprachengabe genau einzuschätzen, ist es unerläßlich *alles* zu studieren, was Gott insgesamt über die Frage der Geistesgaben sagt.

Bevor Sie dieses Buch lesen, rate ich Ihnen dringend, *die Bibeltexte über die Geistesgaben neu zu lesen:*

— Römer 12:3-8
— 1. Korinther Kapitel 12 bis 14
— Epheser 4:1-16
— 1. Petrus 4:10+11

All diese Stellen untersuche ich gründlich in *Explosion de Vie.*[7]

Die Bibeltexte über die Sprachengabe

Es gibt in der ganzen Bibel nur *fünf Stellen*, die das »Zungenreden« erwähnen. Drei davon sind äußerst kurz. Ich gebe sie hier an (die genaue Anzahl der Erwähnungen befindet sich in Klammern):

Der einzige Text des Herrn Jesus

— Markus 16:15-18 (1x)

Die drei Lukastexte

— Apg. 2:4-11 (4x mit 2 verschiedenen Worten)
— Apg. 10:44-48 (1x)
— Apg. 19:1-7 (1x)

Anmerkung: Obwohl Apg.1, Apg.8 und Apg.9 oft als Lehrstellen (übrigens zu Unrecht) angeführt werden, erwähnen sie das »Zungenreden« nicht einmal. Ich habe sie in meinem Buch »Das Wunder des Geistes« erläutert.[8]

Der einzige Paulustext

1.Korinther Kapitel 12-14 bildet eine einzige Stelle:
— Kap.12:10,28,30 (3x)
— Kap.13:1,8 (2x)
— Kap.14:33,39-40 (15x und 4x das Wort »Stimme«, das in einigen Übersetzungen mit dem Wort »Zunge« wiedergegeben wird)

Bemerkungen zu unserem evangelikalen »Jargon«

1.) Das griechische *»glossei lalein«* (im Singular) bedeutet ganz einfach *eine Sprache* sprechen. Man würde dies nicht von seiner Muttersprache sagen: Die *spricht* man. Mehr nicht. Wenn man eine Sprache spricht, so handelt es sich um eine Fremdsprache, eine andere als die eigene.

Es wäre darum sehr viel vorteilhafter, den griechischen Ausdruck des Paulus in 1.Kor.14 jedesmal mit dem deutschen Ausdruck *»eine Sprache* sprechen« (d.h. eine Fremdsprache) zu übersetzen. So könnten wir jenen fremdartigen Ausdruck ins Vergessen geraten lassen: »In einer Zunge reden«.

»In Zungen reden« (im Plural) hat keinen größeren Wert. »In Zungen reden« ist eine schlechte Übersetzung des griechischen Ausdrucks *»glossais lalein«,* der einfach bedeutet: »zwei oder mehr Sprachen sprechen«.

Paulus erwähnt in 1.Kor.12:10 und 28 »die Gabe, in verschiedenen Sprachen zu sprechen«. Den selben Ausdruck gebrauchen wir heute, um eine zwei- oder mehrsprachige Person zu bezeichnen.

Das wahre biblische Geheimnis besteht nicht darin, daß die Sprache unverständlich wäre, sondern darin, daß der Sprechende sich mit der Weisheit und übernatürlichen Macht Gottes ausdrückt. Der Vorgang ist wunderbar. Die Sprache ist aber *eine menschliche Sprache.*

2.) Seit einigen Jahren gehört das Wort »Glossolalie« zu unserem christlichen Wortschatz. Dieser Begriff ist aus zwei griechischen Worten zusammengesetzt: glossa (= die Sprache, Zunge) und lalia (= das Reden; das Geschwätz; der Dialekt). Das griechische »Glossolalia« steht nicht im Wörterbuch. Es ist ein erfundenes Wort. Es bedeutet: »mit der Zunge reden« oder »eine Sprache sprechen«. Das Wort »Glossolalie« wirft im Grunde kein neues Licht auf die biblische Auffassung der Sprachengabe. Es verwirrt die Gedanken noch mehr. Ich gebrauche es nie, um die wahre biblische Gabe zu beschreiben, verschiedene Sprachen zu sprechen.

Gebet

O himmlischer Vater! Wirf dein Licht auf die Texte, die dein Heiliger Geist eingegeben hat! Schenke uns ein göttliches Verständnis und ein ehrliches Herz, um den wahren Sinn zu verstehen! Gib uns außerdem den Wunsch und die Kraft, ganz der Offenbarung deines Willens zu gehorchen! Lehre uns durch dein eigenes Wort die Wahrheit über das Thema, mit dem wir uns beschäftigen! Im Namen deines teuren Sohnes Jesus, des Christus und Herrn.

* * *

Ich lege diese Studie vertrauensvoll in die Hände des allmächtigen Gottes, des Vaters unseres Herrn Jesu Christi. Möge er sich ihrer bedienen, wie es ihm gefällt!

ERSTER TEIL
DIE TEXTE

Kapitel 1
DIE LEHRE JESU CHRISTI

DER MARKUSTEXT 16:17 (15 BIS 18)

Das ist das einzige Wort, das der Herr Jesus Christus uns zu diesem Thema hinterlassen hat.

»Geht hin in die ganze Welt und predigt das Evangelium der ganzen Schöpfung« (V.15).

»Wer gläubig geworden und getauft worden ist, wird errettet werden; wer aber nicht gläubig geworden ist, wird verdammt werden« (V. 16).

»Diese Zeichen aber werden denen folgen, die glauben: In meinem Namen werden sie Dämonen austreiben; sie werden in neuen Sprachen reden« (V.17).

»Sie werden Schlangen aufheben, und wenn sie etwas Tödliches trinken, wird es ihnen nicht schaden; Schwachen werden sie die Hände auflegen, und sie werden sich wohl befinden« (V.18).

KOMMENTAR

Halten wir folgende Tatsachen fest: Soweit wir wissen, hat der Herr Jesus niemals selbst »in einer Zunge« geredet. Außerdem lehrt er uns in seinen so ausgedehnten Unterweisungen *nichts* über diese Frage.

Woran dachte Jesus?

»Sie werden in *neuen Sprachen* reden«, sagt er (V.17). Ich denke, daß wir uns alle einig sind, in den Ereignissen von Apg.2 und 10 eine Erfüllung dieser Prophetie zu sehen. Und doch findet dort die Voraussage Jesu nur eine stückweise Verwirklichung. Denn in keiner dieser beiden Stellen ist die Rede von Schlangen, noch von Gift, noch von Geisteraustreibungen und nicht einmal von Heilungen.

Es scheint mir genauso gewiß, daß der Herr in dieser Weissagung *die gesamte Geschichte seiner Gemeinde* voraussieht. Im Laufe der Jahrhunderte haben sich alle diese Dinge tatsächlich erfüllt. Die Lebensläufe der großen Missionare enthalten allerlei außerordentliche Berichte.

Aber nichts in diesem Markustext erlaubt uns zu behaupten, daß jeder Jünger Jesu Christi unbedingt alle diese Dinge vollbringen wird. Diese Stelle wird jedoch oft angeführt, um ein allgemeines »Zungenreden« zu rechtfertigen und sogar um es allen Christen aufzuerlegen. Warum sagt man dann nicht, daß jeder nicht nur Kranke und Besessene heilen, sondern auch Schlangen aufheben und Gift trinken müße? Das wäre logisch ... und grauenhaft!

Nein! Der Herr Jesus Christus sagt einfach voraus, daß die wunderbaren Sprachen ein Zeichen *unter anderen* wären, welche die Gemeinde im allgemeinen erfahren würde, aber nicht unbedingt jeder Glaubende.

Jesus blickte auf die Ernte

Jesus sieht viel weiter als die Sprachen in Apg.2. Sogar noch weiter als bis zu all den wunderbaren Ereignissen zur Zeit der Apostel. Die Worte des Herrn (die wir studieren) sind *im Blick auf die Evangelisierung der Welt* gesprochen *und nicht im Rahmen von Lobpreisung oder der Erbauung der Ortsgemeinde.* Im Augenblick, wo Jesus sagt: »Geht hin in die ganze Welt und predigt das Evangelium der ganzen Schöpfung«, fügt er hinzu: »Sie werden in neuen Sprachen reden.«

»Neue« oder »unverständliche«?

Der Herr gibt keine Definition oder Erklärung über die Sprachen, die er in seiner Prophetie meint. Er bezeichnet sie nur — und zwar nicht als »unverständlich«, sondern — als »neu«. Dieser Ausdruck trifft sehr gut auf die zahlreichen, oft schwierigen und damals unbekannten Sprachen zu, welche die Gesandten Christi im Laufe der Jahrhunderte erlernt haben. Welch ein Wunder der Hingabe und des Glaubens! Durch diese Sprachen wollte der Geist Gottes sein wahres Ziel erreichen: Christus allen Völkern auf der Erde bekanntzumachen. Wer kann dem widersprechen?

Wenn ein Mensch sein ganzes Leben hingibt, um eine komplizierte Sprache zu erlernen, das Neue Testament in diese Sprache zu übersetzen, Christus zu verkündigen und neue Gemeinden zu gründen, da wo Christus unbekannt ist — das ist in meinen Augen viel wunderbarer, als eine unverständliche Sprache zu reden, ohne je sein Haus zu verlassen. Als

Jesus den Begriff »neue Sprachen« prägte, konnte er nur an diese große Volksmenge »aus jeder Nation und aus Stämmen und Völkern und *Sprachen*« denken, die einst, durch sein Blut erkauft, in seinem Reich sein wird.[9]

Jesus sieht weiter

Der Herr Jesus sagt in seiner Weissagung in Markus 16: »*neue* Sprachen«. Der Apostel Paulus sagt: *»Arten* von Sprachen«. Keiner von beiden spricht von *unverständlichen* Sprachen.

Der Begriff des Paulus *gene glosson* in 1.Kor.12:10+28 (welchen wir später untersuchen werden) rückt die Frage der Sprachengabe in den Vordergrund unserer geistlichen Schau.

Wie sein Lehrer Christus hatte Paulus die Evangelisierung *aller* Völker zum Ziel. Was er »die Gabe, Arten von Sprachen zu reden« nennt, war für ihn eng mit diesem Ziel verbunden.

Die Weissagung Christi fand ihre erste Verwirklichung in Jerusalem durch ein übernatürliches Wirken des Heiligen Geistes in der Form eines ganz wunderbaren »Sprachenredens«. Diese Tatsache nimmt aber nichts von der Schau der Weltevangelisierung des Herrn Jesus und des Paulus. Hatte der Herr nicht einige Tage zuvor gesagt, die Jünger hätten *bis ans Ende der Erde* Zeugnis zu geben? Und er fügte hinzu, daß ihnen die Kraft des Heiligen Geistes *zu diesem bestimmten Zweck* gegeben werden würde.[10]

Evangelisieren... in welcher Sprache?

Nun ist es aber nicht möglich, ein Volk zu evangelisieren, ohne die Sprache dieses Volkes zu sprechen. Heute ist es die dringendste Aufgabe der Gemeinde Christi, die Bibel zu übersetzen und mit allen verfügbaren Mitteln die Völker zu evangelisieren, die noch immer nicht das Evangelium kennen. Für unseren Herrn haben die Sprachen eine Bedeutung, die wir nicht unterschätzen können. Damit der *Logos*, d.h. das *Wort* Gottes jeden Menschen erreiche, muß dieser Logos zugänglich gemacht werden.

Wenn er es wollte, könnte der Geist Gottes die Welt selbst auf wunderbare Weise evangelisieren. Christus hat jedoch die Evangelisierung der Völker den *Menschen* anvertraut. Das göttliche Wort kommt durch Menschen zum Menschen. Ebenso hat Gott in der Bibel in *menschlicher* Sprache zu uns geredet. Er ist selbst Mensch geworden, um die Menschheit zu retten. Und er hat es angeordnet, daß die Menschen durch die Verkündigung des Evangeliums gerettet werden sollen: Und zwar eine Verkündigung *in ihrer eigenen Sprache.*

Der Herr Jesus verlangt eine ganz ernsthafte Vorbereitung auf den Dienst für ihn ... *und das gilt für das Erlernen einer Sprache, wie auch für das Bibelstudium.*

Jesus will, daß seine Gemeinde wortwörtlich »neue Sprachen« redet. Paulus will, daß sie »Arten von Sprachen« redet: echte Sprachen, die Sprachen der Menschen, die das Wort Christi hören sollen. Gott braucht eher »echte« Sprachen als eine Sprache, die unverständlich bleibt. Welche dieser beiden Ausdrucksformen ist die wichtigere?

Ein Horizont öffnet sich

Wenn Sie nicht wissen, was Sie aus Ihrem Leben machen sollen — warum dann nicht eine Sprache erlernen? Warum sollten Sie Gott nicht um Hilfe bitten, eine der 1500 Sprachen zu erlernen, in denen es immer noch keine einzige Seite der Bibel gibt? Oder vielleicht Griechisch oder Hebräisch oder Arabisch... oder Englisch, das so reich an Bibelliteratur und so nützlich im Werk Gottes ist?

Das Übernatürliche wirkt durch das Natürliche hindurch

Wir dürfen eine ganz natürliche Fähigkeit nicht mit der Gabe verwechseln, die der Geist Gottes uns gewähren will. Trotzdem müssen wir bedenken, daß unser Schöpfer die Seinen schon vor der Erschaffung der Welt kannte. Wenn er z.B. einen Menschen mit einer schönen Stimme oder einem hochentwickelten Verstand für Mathematik erschaffen hat, so hat dies seinen Grund. So verhält es sich auch mit der natürlichen Gabe, Sprachen zu erlernen und zu sprechen, die Gott gewißen Menschen geschenkt hat: Auch dies hat seinen Grund. Es ist ein Irrtum anzunehmen, die Geistesgabe habe nichts mit den rein menschlichen Eigenschaften zu tun, die Gott geschaffen hat. Gott will den ganzen Menschen mitsamt seinen natürlichen Fähigkeiten. Sie müssen mit Christus in seinen Tod getauft werden, um in Neuheit des Lebens »aufzuerstehen«. Die natürlichen Fähigkeiten des Menschen werden durch eine göttliche Tat verwandelt. Auf dieselbe Weise kann auch unsere Zunge, wenn sie einmal in Christus »gestorben«, »getauft« worden ist, zu einem Werkzeug werden, durch das Gott der Welt das ewige Leben schenkt.

Die Sprache: Das beste Werkzeug des Heiligen Geistes

Eine echte Beziehung zwischen zwei Menschen kann nur mit Hilfe der Sprache entstehen. Nur wenn wir die Sprache eines Menschen kennen, können wir seine Gedanken tief verstehen. Der Geist Gottes will unsere Sprache benützen. Dazu muß er aber unseren ganzen Leib beherrschen. Es besteht folglich ein direkter Zusammenhang zwischen der Evangelisierung und der Fülle des Geistes. Die Völker können nur erleuchtet werden, wenn wir unsere Person ganz Gott hingeben. Wenn die Sprache seines ganzen Volkes wirklich zum Träger des unaussprechlichen Wortes Gottes wird, dann endlich wird der Wille Gottes auf Erden geschehen wie im Himmel.

Die Beziehung zwischen Apg.2 und Markus 16

In Apg.2 schenkte der Heilige Geist den Aposteln nicht die Gabe, »in Sprachen« zu reden, um »den Leuten den Atem zu rauben«; auch nicht, damit die Apostel »sich wohl fühlten« oder um sie zu »segnen«. Angesichts dieses Völkergemisches ergriff der Geist diese einzigartige Gelegenheit, einen tiefen geistlichen Kontakt mit den verschiedenen Sprachgruppen herzustellen. Er zeigte der jungen Gemeinde ihre Mission: Die Welt mit der Kenntnis Christi zu erfüllen...

Wir kommen zu folgender Schlußfolgerung: *Es ist die unumgängliche und vorrangige Verantwortung der Gemeinde, alle menschliche Sprachen zu erlernen, um die Bibel in diese Sprachen zu übersetzen und zu verkündigen.*

Eine fantastische Gabe

Ein einziges Beispiel sei erwähnt: *William Carey*. Man nennt ihn mit Recht den »Vater der modernen Mission«. Er wurde 1761 in einer armen englischen Familie geboren. Sehr früh, als er noch seinen Lebensunterhalt als Schuster verdiente, lernte er Latein, Griechisch, Hebräisch, Französisch und Holländisch. Mit 32 Jahren — und das war zu jener Zeit unerhört — zog er mit einer kleinen Mannschaft aus, um das Evangelium in Indien zu verkündigen. Ziemlich rasch lernte er Sanskrit und Bengali, und es gelang ihm, die Bibel zunächst in Bengali zu übersetzen. Bevor er mit 73 Jahren starb, hatte er die Bibel ganz oder teilweise in nicht weniger als 44 Sprachen und Dialekte des Subkontinents selbst übersetzt oder übersetzen lassen. Er ließ diese Übersetzungen sogar auf einer von ihm selbst in Serampore verfertigten Presse drucken, die seinen eigenen finanziellen Möglichkeiten entsprach.

Werden Sie mir jetzt sagen, dieser Mann habe nicht die Sprachengabe gehabt?

Gottes Wirklichkeitssinn

Gott ruft mir in Erinnerung, daß er Realist ist. Ihn interessiert vor allem:

— Die Verkündigung des Evangeliums da, wo Christus noch unbekannt ist;
— Die Übersetzung der Bibel in jede irdische Sprache;
— Die Gründung junger Gemeinden da, wo es keine gibt.

Gottes Ziel ist vor allem das Heil der Seelen. Einem bereitwilligen Menschen, einer gehorsamen Gemeinde will Gott den Verstand, die Kraft und die Gnade seines Geistes geben, damit sein Ziel erfüllt wird. Wahre Zeichen — seien sie »wunderbar« oder »natürlich« — begleiten die *Glaubenden*, die seinem Wort gehorchen. Diese »realistische« Erklärung der Weissagung Jesu verneint überhaupt nicht den wundervollen Gesichtspunkt der übernatürlichen Gabe, neue und verschiedene Sprachen zu sprechen, deren erste Erfüllung wir in Apostelgeschichte 2 sehen. Diese Stelle werden wir jetzt studieren.

Laßt uns so realistisch wie Gott sein!

Jesus sieht für seine Jünger eine offene Tür voraus, die niemand schließen kann: Die Tür, die zu den Milliarden von Menschen führt, die das Evangelium noch nicht kennen. Wie steht es in diesem Punkt mit meinem Leser?

Kapitel 2

DER ERSTE TEXT DES LUKAS

DER SCHLÜSSELTEXT: APOSTELGESCHICHTE 2:1-11

Apostelgeschichte 2 ist bei weitem der deutlichste Text über die Sprachengabe. Dieser Text ist übrigens *der einzige, der uns eine Beschreibung des Ereignisses gibt.*

Wir werden also im Licht von Apg.2 die anderen, weniger klaren Texte auslegen, einschließlich 1.Korinther 14.

Apostelgeschichte 2 nach dem griechischen Urtext

»Am Tag des Pfingstfestes (wörtlich: am fünfzigsten Tag) waren sie (die Jünger) alle zusammen am selben Ort« (V.1).

»Plötzlich kam vom Himmel ein Brausen (gr.: echos = ein Lärm, eher ein stürmischer Lärm) wie das eines stürmischen Windes (wörtlich: wie [das] eines heftigen Windstoßes, der [alles] mitreißt), und es erfüllte das ganze Haus, in dem sie saßen« (V.2). (Es ist anzumerken, daß die Jünger nicht in aufgeregter Haltung waren. Weder standen, noch knieten sie, sondern sie saßen!)

»Zungen, ähnlich Feuerzungen, erschienen ihnen, zerstreut zwischen ihnen (oder: voneinander getrennt) und setzten sich auf jeden von ihnen« (V.3). (Anmerkung: Die Zungen waren nicht »aus Feuer«, sondern nur »dem Feuer ähnlich«.)

»Die Jünger wurden alle mit dem Heiligen Geist erfüllt und fingen an, *in anderen Sprachen* (gr.: *heterais glossais* — ein Ausdruck, der normalerweise bedeutet: in Fremdsprachen) zu reden, je nachdem der Geist ihnen gab, sich auszudrücken« (V.4).

»Nun waren in Jerusalem Juden, fromme Männer (Ausdruck, der für die Juden bedeutete: Männer, die an das Gesetz Mose und die Propheten des Alten Testamentes glaubten und dessen Vorschriften befolgten) aus allen Nationen, die unter dem Himmel sind« (V.5). (Dieser Ausdruck bedeutet sicher: »Aus allen damals bekannten Ländern.«)

»Bei dem Lärm (gr.: *phone = hörbarer* Lärm, oder eher ein deutlicher gesprochener Klang, eine Rede, eine Stimme, ein Schrei — niemals im Sinne von »Gerücht«)[11], der geschah, lief die Menge herbei und wurde bestürzt, weil jeder sie *in seiner eigenen Sprache* (gr.: *te idia dialekto*) reden hörte« (V.6).

»Sie waren verwundert und überrascht und sagten zueinander: Siehe, sind nicht diese Leute, die da reden, alle Galiläer?« (V.7). »Und wie hören wir sie *in der eigenen Sprache eines jeden von uns* (gr.: *te idia dialekto*), *in unserer Muttersprache* (wörtlich: »in der wir geboren sind«) reden?« (V.8).

»Parther, Meder, Elamiter, die in Mesopotamien, Judäa, Kappadozien, Pontus, Asien, Phrygien, Pamphylien, Ägypten wohnen und im Territorium von Libyen nahe bei Kyrene, und die von Rom gekommen sind, Juden und Proselyten, Kreter und Araber« (V.9-10).

»Wie hören wir sie *in unseren Sprachen* (gr.: *tais hemeterais glossais*) von den Wundern Gottes reden?« (V.11).

Analyse des 2.Kapitels der Apostelgeschichte

1.) Die Jünger sprachen *echte menschliche Sprachen*, die damals wohlbekannt waren. »Weil jeder einzelne sie *in seiner eigenen Mundart* (gr.: *dialektos*) reden hörte« (V.6)... »Und wie hören wir sie, *ein jeder in unserer eigenen Mundart* (gr.: *dialektos*), in der wir geboren sind« (V.8) ...»Wie hören wir sie von den großen Taten Gottes *in unseren Sprachen* reden?« (V.11).

Der Text führt namentlich die Sprachen von 15 verschiedenen Ländern an (V.9-10). Diese 15 Sprachen bilden keine erschöpfende, sondern nur eine stellvertretende Liste der gesprochenen Sprachen, denn an jenem Tag waren in Jerusalem Juden und Proselyten[12] »von jeder Nation unter dem Himmel« (V.5).

Die Jünger redeten nicht alle zugleich. Ganz im Gegenteil: »Wie der Geist ihnen gab auszusprechen«. »Denn Gott ist nicht ein Gott der Unordnung.«[13]

In diesem Bericht ist das griechische Wort, das oft mit »Sprache« übersetzt wird, zweimal *glossa* (V.4 + 11) und zweimal *dialektos* (V.7 + 8). Beide Ausdrücke bezeichnen *immer* eine gesprochene Sprache, eine echte menschliche Sprache.[14]

An dieser Stelle der Apostelgeschichte ist es auf alle Fälle *unmöglich*, die wunderbaren Sprachen der Jünger anders zu deuten, als daß sie echte menschliche Sprachen waren. Der Text sagt es ausdrücklich. Diese Sprachen waren weder unverständlich, noch »engelisch«, noch »himmlisch«!

2.) *Die wunderbaren Sprachen waren die der auf der Straße Anwesenden.* Sie wurden von der Menge gehört und verstanden. Die Jünger redeten nicht für sich selbst. Sie redeten für diejenigen, die noch außerhalb des Reiches Gottes waren. Das Wunder vollzog sich *im Rahmen der Evangelisierung.*

Das griechische Wort *apophthengomai*, welches die revidierte Elberfelder in Vers 4 mit »aussprechen« übersetzt, bedeutet: Mit lauter Stimme klar aussprechen, verkünden, eine öffentliche Erklärung abgeben.

3.) Die wunderbaren Sprachen in Apg.2 wurden im Blick auf *ein bestimmtes, logisches und rationales Ziel* verliehen: *Die unbekehrten Juden und Proselyten* von der Wahrheit Christi zu *überzeugen*. Hier erkennen wir die wahre Bedeutung der Sprachengabe. Paulus sagt: *»Daher sind die Sprachen zu einem Zeichen, nicht für die Glaubenden,«* (denn die brauchen nicht erreicht und überzeugt zu werden. Sie sind es schon!) *»sondern für die Ungläubigen«*[15], damit sie sich bekehren *wie in Apg.2.* Es ist ein ganz klares, der Weisheit Gottes entsprechendes Zeichen. Kein Widerspruch ist möglich: *Die Sprachen von Apg.2 waren ein Zeichen für die Ungläubigen.*

4.) Die wunderbaren Sprachen *wurden von den Angesprochenen verstanden.* Jeder hörte sie in seiner Muttersprache *»von den großen Taten Gottes* (gr.: »den großen Dingen Gottes«) reden«.

5.) Die wunderbaren Sprachen von Apg.2 waren nicht unnütz. *Sie führten zur Wiedergeburt von dreitausend Menschen.* Die wahre Sprachengabe hat *die Evangelisierung der Nationen und das Heil der Seelen zum Ziel*. Sie ist außerdem ein Zeichen des Gerichtes Gottes über die Ungläubigen.

6.) Die Echtheit der wunderbaren Sprachen *wurde durch sehr zahlreiche Zeugen bestätigt*. Mose erklärt im Gesetz, eine Tatsache könne sich nur auf die Aussage *von zwei oder drei Zeugen begründen*. Der Herr Jesus bekräftigt diese Grundregel; Paulus auch.[16]

Eine solche Bestätigung kann niemand anzweifeln. Sie steht in krassem Gegensatz zu der geläufigen Auffassung eines »Zungenredens«, dessen Echtheit weder bestritten noch geprüft werden kann, weil es niemand versteht.

7.) Die wunderbaren Sprachen von Apg.2 *waren die Folge der Fülle des Heiligen Geistes und nicht — wie oft behauptet wird — die Folge der Geistestaufe.* Wir lesen: »Sie wurden alle mit Heiligem Geist *erfüllt* und fingen an, in anderen Sprachen zu reden.«

Nirgends verbindet das Neue Testament das Sprachenreden mit der Geistestaufe. Apg.2 enthält keine einzige Anspielung auf die Geistestaufe.

8.) Die Äußerung des Geistes in Apg.2 war *von anderen, sehr sonderbaren Zeichen begleitet:*

a) ein sehr großer Lärm kam vom Himmel und erfüllte das Haus;
b) Flammen erschienen über jedem Jünger;
c) das Ereignis geschah in einem rein jüdischen Rahmen.

9.) *Die übernatürlichen Sprachen in Apg.2 bilden ein wesentliches Element des Kampfplanes des Heiligen Geistes für die Evangelisierung der Welt.* Das Griechische gebraucht in diesem Zusammenhang das Verb *apophtengomai*: »Mit lauter Stimme verkündigen, schreien, in Richtung auf das Publikum«. Die von den Aposteln gesprochenen Sprachen waren also kein Flüstern, kein Kauderwelsch und auch kein intimes Gebet, sondern im Gegenteil ein geschrienes Zeugnis; eine Verkündigung, welche die Leute auf der Straße erreichte und zu echten Bekehrungen führte.

Der Geist hat das Ziel, Christus jedem Geschöpf bekannt zu machen. Das letzte Gebot, das Jesus an seine Jünger richtete, lautet: »Predigt das Evangelium ... bis an das Ende der Erde.«

Der Pfingsttag in Apg.2 war *eine außergewöhnliche Gelegenheit,* die der Geist Gottes dazu benutzen konnte, mit einem Schlag eine Vielfalt von Nationen zu erreichen. Die meisten Juden waren in viele Länder zerstreut. Bei jedem Fest kamen zehn- und manchmal hunderttausende von Pilgern nach Jerusalem, die sehr verschiedene Sprachen redeten.

Warum haben sie diese Sprachen gesprochen?

Die Festtage waren kurz, die jungen Galiläer ohne Einfluß. Wie konnten sie während des kurzen Festes dieses Völkergemisch von Pilgern und die durch sie vertretenen Nationen erreichen? *Da war das riesige Problem der Sprachbarriere.* Wie konnte der Geist Gottes ihnen die Nachricht von Jesus Christus verkündigen? Das unüberwindliche Hindernis zwischen Menschen ist die Sprachbarriere. *Der Heilige Geist ist zu allem bereit, um Christus der Welt bekannt zu machen.* Er kann sogar die Sprachbarriere überwinden.

Durch den Mund der Jünger äußert er sich auf wunderbare Weise *in den echten Sprachen* der in der Stadt anwesenden Pilger. So zog er ihre Aufmerksamkeit auf sich und machte sich ihnen verständlich.

Wir erkennen leicht, warum der Heilige Geist sich an diesem Tag entschloß, in Sprachen zu reden. Er wollte um jeden Preis (wie auch heute noch) die Wahrheit Christi so schnell wie möglich allen Nationen bringen.

Welch göttlicher Kampfplan! Der Geist brachte auf diese Weise das Evangelium mit einem Schlag und gemäß dem Willen Jesu unter eine Vielfalt von Sprachgruppen, bis hin zu den entferntesten Völkern!

Er vollbrachte diese außerordentliche Tat also nicht einfach, um die Leute zu »verblüffen« oder die Jünger in gute Laune zu versetzen, sondern vor allem, *um Christus bekannt zu machen*, damit das Heil Gottes unverzüglich die Enden der Erde erreiche.

Das Ziel des Heiligen Geistes hat sich nicht geändert. Sein ganzes Wirken geht in diese Richtung. Er will mit dem ganzen Verstand Gottes zur Welt reden. Er will ihr Christus offenbaren: Den Logos, die Weisheit Gottes in Person. Er versucht nicht die Menschen zu mystifizieren.

Deshalb behauptet auch Paulus: *»Daher sind die Sprachen zu einem Zeichen... für die Ungläubigen.«*[17] *Denn mit diesem Mittel will der Heilige Geist sie zum Glauben führen.*

Der Bericht des Lukas in Apg.2 ist unzweideutig. Er gibt uns eine ganz durchschaubare und zusammenhängende *Beschreibung* des Geschehnisses. Sie ist übrigens die einzige Beschreibung in der Bibel. Die Genauigkeit der gegebenen Einzelheiten lassen uns keinen Zweifel an der Natur und dem Grund dieser Sprachen. *Dieser Text ist der klarste von allen Bibeltexten über die Sprachen.* Er muß darum unsere Auslegung der anderen Texte zu dieser Frage bestimmen, einschließlich der Aussagen des Paulus. *Apg.2 ist also der Maßstab, der Schlüsseltext.*

Und die anderen Fälle?

Es gibt nur zwei andere Fälle von wunderbaren Sprachen in der Apostelgeschichte. Sie geben uns jedoch keinerlei Einzelheiten, keine Beschreibung, keine Erklärung. Unter der Eingebung Gottes hält Lukas ohne Zweifel die bereits in Apg.2 gegebene Beschreibung für ausreichend für seine Leser. Wir leiten daraus ab, daß die Sprachen von Apg.10 und 19 in der selben Absicht wie in Apg.2 geredet wurden, nämlich um die Ungläubigen zu überzeugen.[18]

Kapitel 3

DER ZWEITE LUKASTEXT

APOSTELGESCHICHTE 10:46

im Zusammenhang der Verse 43-48 und mit Bezug auf Apg.11:15-18

»Diesem geben alle Propheten Zeugnis, daß jeder, der an ihn glaubt, Vergebung der Sünden empfängt durch seinen Namen.«

»Während Petrus noch diese Worte redete, fiel der Heilige Geist auf alle, die das Wort hörten. Und die Gläubigen aus der Beschneidung, so viele ihrer mit Petrus gekommen waren, gerieten außer sich, daß auch auf die Nationen die Gabe des Heiligen Geistes ausgegossen worden war; *denn sie hörten sie in Sprachen reden (der normale Sinn des Griechischen: in mehreren Sprachen reden) und Gott erheben.* Dann antwortete Petrus: Könnte wohl jemand das Wasser verwehren, daß diese nicht getauft würden, die den Heiligen Geist empfangen haben wie auch wir? Und er befahl, daß sie getauft würden im Namen Jesu Christi.«

»Während ich aber zu reden begann, fiel der Heilige Geist auf sie, so wie auch auf uns im Anfang. Ich gedachte aber an das Wort des Herrn, wie er sagte: Johannes taufte zwar mit Wasser, ihr aber werdet mit Heiligem Geist getauft werden. Wenn nun Gott ihnen die gleiche Gabe gegeben hat wie auch uns, die wir an den Herrn Jesus Christus geglaubt haben, wer war ich, daß ich hätte Gott wehren können? Als sie aber dies gehört hatten, beruhigten sie sich und verherrlichten Gott und sagten: Dann hat Gott also auch den Nationen die Buße gegeben zum Leben.«

* * *

Die Kapitel 2 und 10 der Apostelgeschichte beschreiben zwei völlig einzigartige Ereignisse in der Entstehung der Gemeinde: Zuerst (Kap.2) öffnet Gott sein Reich den Juden und dann (Kap.10) den Nationen, den »Heiden«. Es ist normal, daß Gott die Entstehung der Gemeinde bei den Nichtjuden in derselben Weise bezeugt wie bei den Juden.

Petrus sagt:

- »... die den Heiligen Geist empfangen haben *wie auch wir«* (Apg.10:47).
- »... fiel der Heilige Geist auf sie, *so wie auch* (gr.: *hosper* = auf die selbe Art und Weise, genauso wie) *auf uns im Anfang«* (Apg.11:15).
- »Wenn nun Gott ihnen *die gleiche Gabe gegeben hat wie auch uns«* (Apg.11:17).

In den Augen des Petrus ist das Ereignis in Cäsarea *identisch* mit dem Erlebnis der Apostel zu Pfingsten (Apg.2). Das ist eine Wahrheit, die das griechische Bindewort *hosper* (= auf die selbe Art und Weise) klar herausstellt. Es handelt sich nicht um zwei verschiedene Erscheinungen.

Warum war Petrus überrascht?

Wäre Petrus überrascht gewesen, wenn die wunderbaren Sprachen die gewöhnliche Erfahrung eines jeden Neubekehrten gewesen wäre?

Wenn die Sprachenrede eine normale Begleiterscheinung des Geistesempfangs gewesen wäre, warum sagte er dann: »So wie auch auf uns im Anfang« und nicht »so wie auch auf uns jedesmal« oder »so wie auf alle, die das Heil und den Geist empfangen«? Das Sprachenreden in Cäsarea kam für Petrus ganz unerwartet. Zugleich war es mit dem Erlebnis der Apostel (Apg.2) identisch.

Sicher ist es möglich, daß es zwischen der Entstehung der Gemeinde im Jahre 30 und der Bekehrung des Cornelius mehrere Jahre später andere Fälle von wunderbaren Sprachen gegeben hat. Der Lukastext sagt aber kein Wort darüber.

Der Grund der wunderbaren Sprachen in Cäsarea

Cornelius hatte seine Verwandten und engen Freunde eingeladen. Da diese keine Juden waren, besaßen sie gewiß unterschiedliche Staatsangehörigkeiten. Im Römischen Reich gab es sehr viel Hin- und Herreisen. Wir lesen auch, daß Petrus bei seinem Besuch bei Cornelius »viele« versammelt fand, die ihn hören wollten.

Cornelius diente als Offizier in der römischen Armee, die aus mehreren Völkern zusammengestellt war. Außerdem war Cäsarea, die römische Hauptstadt in Palästina, eine notgedrungen kosmopolitische Stadt. Wir verstehen, daß der Heilige Geist, wie an Pfingsten in Apg.2, eine solche Gelegenheit wählte, um sich in verschiedenen Sprachen zu äußern.

Der Text sagt nicht, daß alle, die sich bei Cornelius bekehrten, in Sprachen redeten. Petrus und seine Freunde hörten sie »in Sprachen reden *und Gott erheben*«. Wir können darum in diesem Text verstehen, daß es sich um zwei verschiedene Erscheinungen handelte: Einige der Anwesenden redeten in Sprachen, während andere Gott in ihrer gewöhnlichen Sprache lobten, d.h. sie weissagten.

Diese Deutung stimmt mit Apg.19 überein: Die zwölf Männer in Ephesus »redeten in Sprachen *und weissagten*«. Es handelt sich unleugbar um zwei sehr verschiedene Ausdrucksformen, die Paulus in 1.Kor.14 sehr klar voneinander trennt.

Da sind wir wieder in Apg.2, wo Petrus das Geschehnis beschreibt (V.16-21), indem er den Propheten Joel anführt. Joel hatte vorausgesagt, daß die Knechte und Mägde Gottes *weissagen* würden. Der griechische Satzbau in Apg.2:4 zeigt, daß alle mit Heiligem Geist erfüllt wurden. Aber es ist nicht so sicher, daß sie alle in Sprachen geredet haben.

Lukas gibt uns weder Beschreibung noch Definition der Sprachen, die im Hause des Cornelius gesprochen wurden. *Darum müssen wir Apg.10 im Licht von Apg.2 auslegen*, denn der letztgenannte Text ist vollständiger und klarer. *Wären die Sprachen im 10.Kapitel von anderer Art oder eine völlig neue Erscheinung gewesen, so hätte es uns Gott bestimmt durch die Hand des Lukas mitgeteilt*. Da er jedoch die Erscheinung schon einmal im einzelnen beschrieben hat, hält er es nicht für nötig, sich zu wiederholen.

Kapitel 4
DER DRITTE LUKASTEXT

APOSTELGESCHICHTE 19:6

im Zusammenhang der Verse 1 bis 7 und mit Bezug auf Apg.18:24-26

»Es geschah aber, während Apollos in Korinth war, daß Paulus, nachdem er die höher gelegenen Gegenden durchzogen hatte, nach Ephesus kam. Und er fand einige Jünger und sprach zu ihnen: Habt ihr den Heiligen Geist empfangen, nachdem ihr gläubig geworden seid? (gr.: Empfinget ihr den Heiligen Geist im Augenblick des Glaubens?) Sie aber sprachen zu ihm: Wir haben nicht einmal gehört, ob der Heilige Geist da ist. Und er sprach: Worauf seid ihr denn getauft worden? Sie aber sagten: Auf die Taufe des Johannes. Paulus aber sprach: Johannes hat mit der Taufe der Buße getauft, indem er dem Volk sagte, daß sie an den glauben sollten, der nach ihm komme, das ist an Jesus. Als sie es aber gehört hatten, ließen sie sich auf den Namen des Herrn Jesus taufen; und als Paulus ihnen die Hände aufgelegt hatte, kam der Heilige Geist auf sie, und sie redeten in Sprachen und weissagten. Es waren aber insgesamt etwa zwölf Männer.«

* * *

In Ephesus trifft Paulus ein Dutzend Juden, die sich Jünger des Messias nennen. Sie hatten nur die Botschaft Johannes des Täufers gehört, die zweifellos durch Apollos weitergegeben worden war. Von ihm ist im vorhergehenden Kapitel die Rede.[19)]

Diese Männer hatten die Botschaft in dem Maße angenommen, wie sie sie verstanden hatten. Sie waren folglich Jünger Johannes des Täufers und nicht Jesu.

Bei seiner Ankunft verkündet ihnen Paulus die ganze Wahrheit über Jesus (V.4). Er hält es sogar für nötig, sie im Namen Jesu wiederzutaufen (V.5). Der Geist Gottes jedoch erkennt diese Geste nicht an.

Hierin sehen wir den Grund, der Paulus veranlaßt, diesen

zwölf Jüngern die Hände aufzulegen. Wie immer in der Bibel, bedeutet diese Handlung *eine Angleichung*. Paulus hatte ihnen den Unterschied zwischen der Lehre des Johannes und dem Evangelium Jesu erklärt. Er hatte sie sogar im Namen Jesu getauft. Aber nichts war geschehen. Sie hatten immer noch nicht den Geist Gottes empfangen. Sie waren also nicht wiedergeboren.[20]

Paulus erkennt sofort, daß tief in ihrem Herzen ein Hindernis steckt, eine geistliche Sperre, wie bei den Samaritern im 8. Kapitel der Apostelgeschichte.[21] Diese Sperre hindert sie daran, wahre Jünger Jesu zu sein: Sie sind noch durch die Bindung an Johannes den Täufer zurückgehalten. Nun hatte Johannes der Täufer aber noch unter dem Alten Bund gelebt und gelehrt.[22]

Durch diesen Akt der Identifizierung, die Handauflegung, zeigt Paulus den einzigen Ausweg: Sie müssen den Alten Bund hinter sich lassen, um in den Neuen Bund einzutreten. Sie müssen Johannes aufgeben, um Jesus allein nachzufolgen, wie Johannes es selbst gewollt hatte. Sie müssen die unumschränkte Herrschaft Christi anerkennen, denn es kann im Reich Gottes keine zwei Herren geben. Die zwölf Männer unterwerfen sich also der Handauflegung durch Paulus. Sie verstehen, daß Jesus die einzige Quelle des Heils ist. Im selben Augenblick wird ihnen der Geist gegeben. Ihre Seele wird verwandelt. Sie werden Kinder Gottes. Von nun an sind sie durch den Geist in den Leib Christi eingegliedert. Sie haben sich Christus und seiner Gemeinde, zu welcher Paulus gehört, angeglichen. Ohne diese Angleichung hätte es auf Erden zwei einander widersprechende Gemeinden gegeben. Und das ließ der Heilige Geist nicht zu.

Der Neue Bund konnte keine »jüdische Angelegenheit« bleiben. Deshalb äußerte sich der Heilige Geist in mehreren echten menschlichen Sprachen. In den Sprachen *der Nationen*, die Gott in den Leib Christi eingliederte. Ephesus war die größte Stadt Kleinasiens, ein sehr wichtiger Hafen, eine recht kosmopolitische und darum vielsprachige Stadt.

Weil uns dieser Text wie Apg.10, keine Erklärung, nicht einmal eine Beschreibung des Ereignisses gibt, *so können wir ihn nur im Licht des klarsten und vollständigsten Textes auslegen: Apg.2.*

Wir können also behaupten, daß die Sprachen in Apg.19 wie im Kapitel 2 (und aus demselben Grund im Kapitel 10) *echte menschliche Sprachen* sind, die durch den Heiligen Geist in derselben Absicht eingegeben wurden: Die anwesenden Ungläubigen zu überzeugen.

Wenn die wunderbaren Sprachen in Kapitel 10 und 19 der Apostelgeschichte anderer Art gewesen wären als in Kapitel 2, hätte Lukas es uns unter Gottes Eingebung bestimmt gesagt. Andernfalls könnten wir ihm vorwerfen, uns zu foppen, uns irrezuführen.

Die Schlußfolgerung zu den Lukastexten

Der Bericht der Apostelgeschichte umfaßt einen Zeitraum von etwa 30 Jahren. *Trotzdem enthält er nur drei Fälle von wunderbaren Sprachen*: Das ist wirklich wenig!

Diese Lukastexte erlauben uns nicht zu behaupten, es habe andere Fälle gegeben. Die drei Erwähnungen beziehen sich übrigens jedesmal auf eine besondere und einzigartige Gelegenheit:

1. Die Öffnung der Tür zum Reich Gottes für die Juden.
2. Die Öffnung der Tür zum Reich Gottes für die Heiden.
3. Der endgültige Bruch zwischen dem Alten und dem Neuen Bund.

Bitte gut merken

— Jedesmal handelt es sich um eine *öffentliche* Tat.

— In jedem dieser drei Fälle handelt es sich um eine Tat *im Anfang*; um ein Geschehnis am Tag der Wiedergeburt der betreffenden Menschen, der auch der Entstehungstag der Gemeinde an jenem Ort war.[23]

— Die Texte des Lukas liefern uns *kein Argument* für ein allgemein verbreitetes »Zungenreden«.

— In keinem der drei Fälle wird die Geistestaufe erwähnt.

Kapitel 5

DIE BEZIEHUNG ZWISCHEN DEN TEXTEN VON LUKAS UND PAULUS

ZUR AUSLEGUNG DES PAULUSTEXTES

Paulus ist der einzige Apostel, der von der Sprachengabe spricht. Seine *ganze* Lehre über diese Frage befindet sich in einem einzigen Abschnitt: 1.Korinther 12,13 und 14. Diese drei Kapitel bilden einen einzigen Gedankengang.

Paulus gibt *keinerlei Beschreibung* der wunderbaren Sprachen. Er berichtigt nur ihre Mißbräuche. Er redet nur von ihrem Zweck. Wir dürfen uns nicht allein auf seinen einzigen Text beziehen, um den Sinn des Sprachenredens herauszufinden und dabei die ganze restliche Schrift und vor allem den Schlüsseltext Apg.2 — den einzig wirklich klaren Text — beiseite lassen. Sonst sind wir immer ein Opfer unserer eigenen oder fremder Vorurteile oder unserer manchmal irreführenden Erfahrungen. Es ist töricht, die Tür zu einer Lehre öffnen zu wollen, ohne den Schlüssel zu benutzen.

Wir dürfen nicht das Licht vernachlässigen, das Gott uns in seinem Wort schenkt. Sonst ist es nicht erstaunlich, wenn wir wie in der Finsternis herumtappen. Dies erklärt die Verwirrung, welche die Lehre vom »Zungenreden« und die dadurch entstehenden Konflikte umgibt.

Wenn Paulus in diesem Abschnitt mit der Sprachengabe eine ganz andere Gabe als in Apg.2 gemeint hätte, so hätte der Heilige Geist den Paulus ohne Zweifel dazu getrieben, es uns zu sagen. Er hätte uns eine Definition oder eine nicht nur klare, sondern auch *über jeden Zweifel erhabene* Beschreibung darüber gegeben.

Aber der Geist Gottes *hält es nicht für nötig, irgend etwas zu den Erklärungen hinzuzufügen, die er uns schon im Text des Lukas gegeben hat.* Um die Lehre des Paulus über die Sprachen zu verstehen, müssen wir die Grundregeln zur Auslegung des Bibeltextes berücksichtigen.

1. Nichts zur Schrift hinzufügen

— Wir werden den genauen Sinn des Textes suchen, *um auf Gott selbst und auf ihn allein zu hören.*

2. Die ganze Schrift nehmen

— Wir werden *alles* berücksichtigen, *was Gott über dieses Thema sagt*. So gewinnen wir eine Schau des Ganzen, durch die wir jedem Text seinen genauen Wert besser beimessen können.

3. Die Schrift durch die Schrift auslegen

— Wir werden *die klarste, die ausführlichste Bibelstelle als Schlüssel zur Auslegung der anderen Stellen verwenden.*

Gott gibt uns, wie gesagt, einen Schlüssel. Er hat in die Bibel eine ganz klare Stelle gelegt, die keine Zweideutigkeit enthält: Apg.2:1-11. Man gerät in eine Sackgasse oder in Verwirrung, wenn man den Text von 1.Kor.14 erklären will, ohne das von Gott bereits geschenkte Licht zu gebrauchen. Wir müssen die undeutlichen oder zu mehreren Auslegungen geeigneten Stellen anhand der völlig klaren Stellen erklären. Wer diese Grundregel mißachtet, sagt dem Verstand Adieu und begibt sich in den Dienst der Finsternis.

Biblische Gründe haben mich dazu geführt, zu glauben, daß für Paulus die wunderbaren Sprachen *dieselben* sind wie die, welche Lukas so ausführlich und genau beschrieben hat. Wenn Paulus von »Sprachen« redet, meint er echte, den Menschen bekannte Sprachen, die vorrangig an Ungläubige gerichtet sind. Denn obwohl Paulus die wunderbaren Sprachen nicht *beschreibt*, gibt er uns doch *eine äußerst klare Definition ihres Zweckes*: *»Daher sind die Sprachen«*, sagt er, *»zu einem Zeichen... für die Ungläubigen«...*, genau wie in Apg.2.

ZWEI GRUPPEN VON WUNDERBAREN SPRACHEN?

Wenn man 1.Kor.14 oberflächlich liest, hat man den Eindruck, daß die Sprachen, von denen Paulus redet, scheinbar unverständlich sind. Sie scheinen von den Sprachen in Apg.2 völlig verschieden zu sein, wo es sich um echte menschliche Sprachen handelt, die von einer großen Menschenmenge verstanden wurden. Eine aufmerksame Lektüre läßt jedoch klar hervortreten, daß Paulus die Auffassung der Korinther über diese »Gabe« mißbilligt. Fast in seiner ganzen Mitteilung versucht er, diese Kundgebung in der Gemeinde zu entmutigen.

Er erkennt an, daß es eine echte Sprachengabe gibt (wie in Apg.2 und 19), aber er beweist, daß ein unverständliches Reden in der Gemeinde nutzlos ist.

Gibt es in der Tat einen Unterschied zwischen den korinthischen Sprachen und denen der Apostelgeschichte, so deshalb, weil die meisten Kundgebungen in Korinth nicht der biblischen Norm entsprechen: Es handelt sich um eine falsche Auffassung und eine falsche Anwendung dieser Gabe.

In Apg.2 treten die Sprachen plötzlich auf, wie ein Geschehnis im Anfang: Im Augenblick der Wiedergeburt der Menschen und der Entstehung der Ortsgemeinde. In Korinth dagegen wurde das »Zungenreden« bewußt gepflegt und in den Versammlungen ausgeübt, selbst wenn niemand den Sinn verstand. Paulus schreibt in der Tat drei Kapitel seines Briefes, diese Mißbräuche zu berichtigen und die Gemeinde zum gesunden Menschenverstand zurückzubringen. Er schreibt, um Ordnung wiederherzustellen, da wo größte Verwirrung herrscht.

Die Sprachen: »Zeichen« oder »Gabe«?

Manche treffen eine Unterscheidung zwischen den Sprachen, die sie in zwei ganz verschiedene Erscheinungen trennen: »Verständliche« und »unverständliche« Sprachen. Sie stellen folgende Behauptung auf:

Sie unterscheiden zwischen dem, was sie als das »Zeichen« der Sprachen bezeichnen und dem, was sie die »Gabe« der Sprachen nennen. Aber ich finde keine biblische Begründung für eine solche Unterscheidung.

1.) Heute wird oft gelehrt, das »Zungenreden« sei das Anfangszeichen der »Geistestaufe«. Aber im Gegensatz zur Lehre der Apostelgeschichte bindet man dieses »Zeichen« an eine der Wiedergeburt *folgenden* Erfahrung.

— Man vergißt jedoch, daß die Sprachen in Apg.2 *verständlich* waren, was im Widerspruch zu der unverständlichen Redeweise steht, die heute für das »Zeichen« der Geistestaufe gilt.
— Man vergißt auch, daß sich die Sprachen der Apostelgeschichte jedesmal am Tag *der Wiedergeburt* ereigneten.
— Man verkennt auch die Tatsache, daß *im Neuen Testament die Geistestaufe nie als eine der Wiedergeburt folgende Erfahrung dargestellt wird.* Alle Stellen, die von

Apg.2 an darüber sprechen, setzen das Verb in die Vergangenheitsform.[24] Für den wahren Glaubenden ist die geistliche Taufe eine *bereits erworbene* Wirklichkeit.

— Diese Auslegung läßt auch die so genaue Erklärung des Paulus unberücksichtigt: »Daher sind die Sprachen zu einem Zeichen, *nicht für die Glaubenden.*«

— Man wird *vergebens* anderswo einen Text suchen, wo die Schrift die Sprachen »ein Zeichen« nennt. 1.Kor. 14:22, der einzige Hinweis, macht in der Tat diese Auslegung zunichte.

2.) Man lehrt auch, daß einige Gläubige zusätzlich *die Gabe* des »Zungenredens« empfangen, die sie mehr oder minder nach Belieben ausüben können. Ich finde nirgends, daß das Neue Testament einen Unterschied zwischen einer »Gabe« der Sprachen und einem »Zeichen« der Sprachen macht. *Es gibt keine Stelle, die sagt, es gäbe zwei Gruppen von wunderbaren, von Gott kommenden Sprachen.* Wenn Paulus die Sprachen ein »Zeichen« nennt, tut er es mitten im Kapitel 14, wo er lange die Sprachen als *»Gabe«* behandelt.

Gott verwirrt uns nicht

Würde die Bibel eine solche Unterscheidung anerkennen oder lehren, daß es zwei oder mehrere Gruppen wunderbarer, vom Geist gewirkter Sprachen gäbe, *so würde sie es uns ganz klar sagen.* Das ist aber nicht der Fall. Paulus zeigt keinen Unterschied auf zwischen den Sprachen der Urgemeinde in Jerusalem und denen, die er selbst in Ephesus (Apg.19) gekannt hat. Sogar in 1.Kor.14 (dies sei wiederholt!) definiert er die *echten* Sprachen als ein Zeichen *für die Ungläubigen*. Das Verhalten der Korinther dagegen betrachtet er als »kindisch« und ihr unverständliches Reden als »in den Wind geredet«.

»Alle Worte meines Mundes«, sagt die Weisheit Gottes, *»sind klar und richtig.«*[25] Es ist gut, die Schrift immer auf die »normalste«, einfachste, direkteste Weise zu verstehen. Das ist auch die intelligenteste Weise. Gott ist Licht, und sein Wort ist Licht. Er verabscheut die Finsternis. Ich halte es für unbegründet, anzunehmen, es gäbe im Neuen Testament zwei Gruppen des von Gott kommenden Sprachenredens.

PAULUS UND LUKAS WIDERSPRECHEN SICH NICHT

Man hat gewiß Unrecht, zwischen der Apostelgeschichte und dem 1.Korintherbrief des Paulus einen Widerspruch bauen zu wollen. Beide Bücher entspringen derselben Quelle. Sie ergänzen einander und stammen sogar aus derselben Zeit.

1.) Woher hat Lukas seine Informationen bezogen? *Lukas war das geistliche Kind des Paulus.* Durch den Verfasser von 1.Kor.14 wurde der Verfasser der Apostelgeschichte bekehrt und ausgebildet. Wer anders hätte ihm seine grundlegenden Kenntnisse vom Ursprung der Gemeinde und den wunderbaren Sprachen in Apg.2 vermittelt, als Paulus und sein Mitarbeiter Silas? Dieser Paulus hatte zusammen mit Silas die Gemeinde in Korinth gegründet.

Silas, der Begleiter des Paulus, stammte aus der Gemeinde in Jerusalem.[26] Er konnte also gewiß dem Lukas sehr wertvolle Einzelheiten über die Urgemeinde und die Ereignisse von Apg.2 mitteilen.

2.) *Während Lukas die Apostelgeschichte verfaßte, war er der vertraute Wegbegleiter des Paulus.* Lukas hatte Paulus und Silas in den Jahren 49 oder 50 n.Chr. in Troas kennengelernt, wo er sich bekehrte. Er begleitete sie dann nach Mazedonien, wo er an der Gründung der Gemeinde in Philippi beteiligt war. Im Jahre 57 schloß sich Lukas wieder der Mannschaft des Paulus an und reiste mit ihm nach Troas.[27] Lukas begleitete Paulus auf seiner letzten Reise nach Jerusalem, wo Paulus festgenommen wurde. Sicher konnte dort Lukas die Einzelheiten von Apg.2 bei anderen Augenzeugen an Ort und Stelle nachprüfen. Lukas blieb noch bei Paulus während der zwei Jahre der Gefangenschaft in Cäsarea. Hier hatte Lukas Gelegenheit, die Einzelheiten von Apg.10 zu überprüfen. Ohne Zweifel geschah dies bei Philippus, bei dem er zusammen mit Paulus gewohnt hatte (Apg.21:7-8).

Lukas erzählt uns dann von seiner Reise nach Rom mit Paulus. Er blieb sogar bei ihm während seiner zweijährigen Gefangenschaft in Rom.

Es ist undenkbar, daß Paulus während dieser vier Jahre engsten Zusammenlebens mit seinem geistlichen Kind nicht gewußt hätte, daß Lukas seine Apostelgeschichte niederschrieb, in der das Leben und der Dienst des Paulus den größten Platz einnehmen!

Das geschichtliche Schriftstück des Lukas spiegelt unvermeidlich den Gedanken des Apostels wider. Man kann es nicht von den Schriften des Paulus trennen. Die Apostelgeschichte und die Briefe ergänzen sich. Wir müssen sie *zusammen* lesen. Wie schon gesagt, ist es ein Unrecht, die Gedanken des Lukas und des Paulus in Widerspruch zu setzen.

3.) *Wer anders vermittelte Lukas den Bericht über die Sprachen in Apg.19, wenn nicht Paulus selbst?* Denn wir dürfen nicht vergessen, daß Paulus, als die Jünger des Johannes in Sprachen redeten, *persönlich in Ephesus anwesend war.*

Ist es denkbar, daß die Sprachen in Apg.19, deren Zeuge und Urheber Paulus in Ephesus war, ein von den Vorgängen in Apg.2 oder Apg.10 völlig verschiedenes Geschehen waren? *Oder auch, daß die Sprachen des Paulus in Apg.19 sich von denen aus 1.Kor.14 unterscheiden?*

4.) Der 1.Brief des Paulus an die Korinther stammt aus dem Jahr 54. Paulus kam ungefähr im Jahr 60 als Gefangener nach Rom. *Der Brief des Paulus wurde 6 oder 8 Jahre vor dem Bericht des Lukas geschrieben. Das bedeutet, daß die Gedanken des Paulus über die Sprachengabe schon — und zwar schon seit langem — klar geprägt waren.* Es ist unvorstellbar, daß Lukas dies nicht berücksichtigt hätte; vor allem da er den Bericht vom Aufenthalt des Paulus in Ephesus in sein Kapitel 19 aufnahm.

Je mehr ich die Behauptung untersuche, daß Paulus und Lukas von zwei verschiedenen — und sogar einander entgegengesetzten — Dingen reden, um so mehr bin ich durch den heiligen Text davon überzeugt, daß eine solche These unhaltbar ist.

5.) *Paulus ist der geistliche Vater des Lukas und der Gemeinde in Korinth.* Können wir glauben, daß er ihnen zwei völlig verschiedene, sogar einander widersprechende Lehren gegeben hätte?

Ich persönlich glaube, daß die Heilige Schrift ein echtes Sprachenreden kennt, das göttlichen Ursprungs ist: Das Sprachenreden, welches Lukas in Apg.2 beschreibt. Ich glaube ebenfalls, daß Paulus in dem einzigen Text, den er der Frage widmet, nur dieses selbe Sprachenreden vor Augen hat: 1.Kor. Kapitel 12 bis 14. Jede Abweichung von dieser direkten, klaren und *biblischen* Auslegung führt uns in ein Labyrinth von Vermutungen, die dadurch nicht sicherer werden, daß eine große Anzahl von Stimmen sie in autoritärer Weise verkünden.

Kapitel 6

DIE GEMEINDE IN KORINTH

EINE PROBLEMGEMEINDE

Der allgemeine Zusammenhang

Wenn wir den geistlichen Zustand kennen, in dem sich die Gemeinde befand, an die Paulus diese Lehre richtete, verstehen wir *das Ziel* und *den Sinn* seiner Beweisführung.

Wie schon gesagt, schrieb er seinen ersten Brief an die Korinther, um Ordnung in die allgemeine Verwirrung zu bringen, die in der Korinther Gemeinde herrschte. Paulus behandelt darin der Reihe nach nicht weniger als *zwölf Probleme.* Jedesmal wirft er den Korinthern schwerwiegende Fehler vor und verurteilt die Unordnung, die daraus entstand.

1. *Spaltungen* (1.Kor.1:10-16; 3:1-15; 4:1-21; 2.Kor.12:20 +21).

2. Ihr Festhalten an *menschlichen Philosophien auf Kosten ihres Glaubens an Christus* (1.Kor.1:17-2:16; 3:16-23; 4:6-15; 2.Kor.10:1-11:15).

3. Ein Fall von *skandalöser Unzucht* (1.Kor.5:1-13 und 6:9-20).

4. *Rechtsstreitigkeiten zwischen Brüdern* vor den Gerichten einer ungläubigen Welt (1.Kor.6:1-8).

5. *Verwirrte Ideen über Ehe und Zölibat* (1.Kor.7:1-40; 9:1-15; 11:3-16).

6. *Mit dem Götzendienst verbundene Praktiken*, d.h. *Okkultismus*, den sich manche Brüder unter dem Vorwand erlaubten, sie seien durch Christus befreit worden (1.Kor.8:1-11:1 und besonders 10:14-22. Ebenso 2.Kor. 6:11-17).

7. Die Abweichung in der Lehre ging soweit, *die Auferstehung anzuzweifeln* (1.Kor.15).

Der direkte Zusammenhang: Der Ablauf der Gemeindeversammlung

In den Kapiteln 11, 12, 13 und 14 seines ersten Briefes hat Paulus *nur eine Frage im Auge: Den ordentlichen Ablauf der Versammlungen der Gemeinde.* Seine Lehre über das Sprachenreden muß unter diesem Gesichtspunkt verstanden werden. Paulus weist auf mehrere Irrtümer hin, die er untersucht, verurteilt und berichtigt:

8. *Eine geistliche Verwirrung über die Rolle und Kleidung der Frau in den Zusammenkünften* (1.Kor.11:2-16 und 14:33-35).

9. *Eine schockierende Unordnung im Ablauf des Abendmahls* (1.Kor.11:17-34. Siehe auch 3:11-17; 4:5).

10. *Eine gefährliche Unkenntnis über das Wesen und den Gebrauch der Geistesgaben* (Kap.12). Auch hier herrschte bei den Christen in Korinth eine große Verwirrung.

11. *In seinem Kapitel 13 geht Paulus dem geistlichen Problem der Korinther-Gemeinde auf den Grund. Sie hatten nicht einmal die Grundlage allen geistlichen Lebens, die Hauptwesensart jeder Tat des Heiligen Geistes verstanden: Nämlich die Liebe.* Er definiert sie in den Versen 4 bis 8: Die im gekreuzigten Christus offenbar gewordene Liebe Gottes. Ohne diese Liebe ist jede sogenannte »Gabe« nur Lärm.

12. Schließlich nimmt Paulus im Kapitel 14 ein ganz besonderes Problem in Angriff: Die Auffassung, welche die Korinther sich von der »Gabe des Sprachenredens« gebildet hatten. Etwas später werden wir diesen Text sehr ausführlich untersuchen.

Der 2.Brief des Paulus an die Korinther wurde 2 oder 3 Jahre später geschrieben. Er zeigt, daß diese Gemeinde noch immer krank war. Paulus beschließt seinen Brief mit den Worten: »Denn ich fürchte, daß ich euch bei meinem Kommen vielleicht nicht als solche finde, wie ich will... daß vielleicht Streit, Eifersucht, Zorn, Zänkereien, Verleumdung,

Ohrenbläsereien, Aufgeblasenheit, Unordnungen da sind...« (2.Kor.12:20). Er spricht von denen, die »nicht Buße getan haben über die Unreinheit und Unzucht und Ausschweifung, die sie getrieben haben« (V.21).

Korinth: Eine Mustergemeinde?

Das Bild, das uns Gott von dieser Gemeinde zeigt, erregt wirklich eher Angst als Mitleid. Eins ist unleugbar: *Korinth ist keine nachahmenswerte Gemeinde.*

Vor diesem Hintergrund untersucht der Apostel Paulus die Frage, die ihm im 14.Kapitel seines ersten Briefes Sorgen macht: Die Sprachen, wie die Christen in Korinth sie verstanden und ausübten. Die Lehren und Ermahnungen, die Paulus bezüglich der Sprachengabe an die Korinther richtet, dürfen nicht als Lob und nicht einmal als Ermutigung verstanden werden. *Sie sind eher Tadel und Warnung.*

EIN EINZELFALL?

Das Neue Testament nennt namentlich 30 Städte, in denen es Gemeinden gab. Dennoch war, so weit die Schrift davon spricht, Korinth die einzige Gemeinde, die das Sprachenreden pflegte.

Ich weiß, daß heute eine große Zahl von Christen fest glauben, daß zur Zeit der Apostel das »Zungenreden« in allen Gemeinden gepflegt wurde. Aber diese Vermutung hat keinerlei biblische Bestätigung. Sie bleibt eine reine Hypothese.

Ach! Ich höre meinen Bruder, der dazwischentritt, um mich daran zu erinnern, daß das »Zungenreden« in Jerusalem (Apg.2), in Cäsarea (Apg.10) und in Ephesus (Apg.19) vorgekommen ist. Irre ich mich also?

Nein! Denn die Gemeinde in Jerusalem *war noch nicht gegründet*, als sich die Sprachen von Apg.2 ereigneten. Sie ist als Gemeinde erst *nach* der Erfahrung der wunderbaren Sprachen geboren. Das gleiche gilt auch für Cäsarea und Ephesus. Die Gemeinde bestand noch nicht in diesen drei Städten, als der Heilige Geist sich in Sprachen äußerte.

Es ist auch eine Tatsache, daß in keinem der drei Fälle der Bibeltext die geringste Anspielung auf eine Wiederholung der Erscheinung macht.

Halten wir beiläufig fest, daß Apg.2 auch keinen Beweis

dafür liefert, daß die 3000 Bekehrten an jenem Tag alle in Sprachen geredet hätten.

Ich weiß: Jemand wird mir mit Kapitel 8 und 9 der Apostelgeschichte entgegentreten. Aber, wie ich schon gezeigt habe, wird das Sprachenreden in diesen beiden Abschnitten nicht einmal erwähnt — ebensowenig wie die Geistestaufe. Es ist also unnütz, auf diesen beiden Abschnitten eine Lehre über die Sprachen gründen zu wollen!

Niemand kann mit reinem Gewissen die drei Fälle von wunderbaren Sprachen in der Apostelgeschichte als Beweis oder auch nur als Hinweis dafür anführen, daß diese drei Gemeinden das »Zungenreden« *gepflegt* hätten.

Im übrigen *finden wir keinerlei Erwähnung des Sprachenredens in den Lehren Christi* — außer in dem einzigen kurzen Satz in Markus 16:7. *Paulus ist der einzige Apostel, der davon redet, und dies nur ein einziges Mal* in seinem ersten Korintherbrief. Warum hat uns der Apostel Petrus überhaupt nichts über diese Frage zu sagen? Warum erwähnen weder Jakobus noch Johannes noch Judas noch der Verfasser des Hebräerbriefes die »Zungen« ein einziges Mal?

Dieses Stillschweigen wäre ganz unverständlich, wenn die Glossolalie in Wirklichkeit allgemein in den Urgemeinden als unentbehrlich betrachtet und gepflegt worden wäre. Wenn die Glossolalie so wichtig wäre, wie man es uns glauben machen will, gäbe es im Neuen Testament sicher überall Anspielungen, Ermahnungen, Erklärungen und Verheißungen über diesen Punkt.

Das Neue Testament enthält eine sehr große Zahl von Stellen über *grundlegende* Fragen, wie Gebet, Bruderliebe, sexuelle Reinheit, die Wiederkunft Christi — um nur einige zu nennen. Warum wird die Glossolalie, wenn sie wirklich grundlegend wäre, sozusagen »auf den Dachboden« verbannt?

Der Herr Jesus gibt uns keinen Befehl über die Sprachen. Die Apostel auch nicht. Wenn das Sprachenreden so nötig wäre, würde es uns das Wort Gottes klipp und klar sagen. Dies ist aber nicht der Fall. Außerdem würde Gottes Wort mindestens *ein* Gebot enthalten, in Sprachen zu reden. *Es gibt aber in der Bibel kein einziges Gebot dieser Art.*

Kapitel 7

WAS PAULUS UNTER GEISTES-GABE VERSTEHT

Wir können uns nur eine ausgewogene Vorstellung von dem machen, was Paulus unter *der Sprachengabe* versteht, indem wir seine vollständige Lehre über *die Gaben im allgemeinen* berücksichtigen.[28]

DIE GEISTESGABEN NACH 1.KORINTHER 12

V.1: »Was aber die geistlichen (Gaben) betrifft, Brüder, so will ich nicht, daß ihr ohne Kenntnis seid«... V.4: »Es gibt aber Verschiedenheiten von Gnadengaben, aber (es ist) derselbe Geist«... V.7: »jedem aber wird die Offenbarung des Geistes zum Nutzen gegeben«... V.11: »Dies alles aber wirkt ein und derselbe Geist und teilt jedem besonders aus, wie er will«... V.13: »Denn *durch einen Geist* sind wir alle *in einen Leib* getauft worden«[29]... V.14: »Denn auch der Leib ist nicht ein Glied, sondern viele«... V.18-19: »Nun aber hat Gott die Glieder gesetzt, jedes einzelne von ihnen am Leib, wie er wollte. Wenn aber alles ein Glied wäre, wo wäre der Leib?«... V.27-28: »Ihr aber seid Christi Leib, und einzeln genommen, Glieder. Und die einen hat Gott in der Gemeinde gesetzt erstens zu Aposteln, zweitens (andere) zu Propheten, drittens zu Lehrern, sodann Wunderkräfte, sodann Gnadengaben der Heilungen, Hilfeleistungen, Leitungen, Arten von Sprachen«... V.29: »Sind etwa alle Apostel?«... V.30: »Reden alle in Sprachen?«... V.31: »Eifert aber um die größeren Gnadengaben.«

Geistesgabe = Organische Tätigkeit des Leibes

Mit dem Leib Christi verhält es sich wie mit dem menschlichen Leib: Er besitzt eine große Vielfalt von Organen, und jedes Organ hat seine bestimmte Tätigkeit. In der Gemeinde hat jedes Glied seine besondere Tätigkeit, und diese ist *organisch*: Sie erhält ihre Bedeutung durch ihre Beziehung zum übrigen Leib.

Der Geist Gottes ist der Baumeister des Leibes Christi. Er entscheidet über die Rolle und die Tätigkeit eines jeden in der Gemeinde.

Der Geist vertraut jedem Glaubenden ein bestimmtes Maß der *Gnade* Gottes an (gr.: *Charis = Die Großzügigkeit, der Akt des Gebens*). *Dies wird dem Glaubenden zur Gabe* (gr.: *Charisma = Das Geschenk, das Empfangene).* Diese Gnade befähigt jeden Glaubenden, Gott zu dienen. Dieser Dienst vollzieht sich im Rahmen der Gemeinde, dem Leib Christi.

Der Zweck einer Gabe: Der Dienst

»Der Sohn des Menschen ist gekommen, um zu *dienen*« (Mt.20:28). Das ist der Geist der Gnade, der *Charis* Gottes. Das ist der Sinn der Geistesgabe, des *Charisma*. Wer vermutet, daß die Geistesgaben uns vor allem zu unserem persönlichen Vorteil gewährt werden, täuscht sich über die grundlegende Bedeutung dieser göttlichen Tat. Durch dieses »organische« Wirken gebraucht uns der Geist, um zur Tätigkeit des Leibes Christi auf dieser Erde beizutragen.

Der Leib enthält eine Vielfalt von Organen

Der physische Leib benötigt eine *Vielfalt* von Gliedern. So braucht auch die Gemeinde Christi ein *vielfältiges* Wirken des Heiligen Geistes, damit das Ganze harmonisch und vollständig funktionieren kann.

»Denn wie aber die Glieder (des Leibes) *nicht alle dieselbe Tätigkeit haben... so haben wir«*, sagt der Apostel Paulus, *»verschiedene Gnadengaben* nach der uns verliehenen Gnade,[30] ...der *verschiedenartigen* Gnade Gottes.«[31]

Die Gabe ist für das Wohl des Nächsten da

Jedes Glied des Leibes Christi hat eine ihm eigene Tätigkeit. Diese Tätigkeit ist jedoch *»zum Nutzen aller«* (12:7) und nicht für das Glied selbst. Der Geist gewährt die Gaben *»zur Ausrüstung der Heiligen für das Werk des Dienstes, für die Auferbauung des Leibes Christi...«.*[32] »Wie jeder eine Gnadengabe (gr.: *charisma*) empfangen hat, *so dient damit einander.«*[33]

Gott bestimmt die Gabe eines jeden

»Er gibt aber Verschiedenheiten von Gnadengaben (1.Kor.12:4)... Dies alles aber wirkt ein und derselbe Geist und teilt jedem besonders aus, *wie er will* (V.11)... Nun aber hat Gott die Glieder gesetzt, jedes einzelne von ihnen am Leib, *wie er wollte«* (V.18).

So ist die Geistesgabe eine Fähigkeit, die der Geist in seiner eigenen Weisheit jedem Glaubenden zuteilt, damit er *Gott wirksam dienen* kann. Die Gabe ist eine organische Tätigkeit im Leib Christi, die zur Auferbauung des ganzen Leibes beiträgt. Selbstverständlich ist sie nicht zur Selbstbefriedigung gedacht, sondern im Gegenteil zur Hilfeleistung für andere.

Leib oder Spottbild?

Eine Geistesgabe ist eine organische Tätigkeit des Leibes Christi. Wir durchkreuzen darum die Pläne des Heiligen Geistes, wenn wir alle Gotteskinder in die gleiche Form pressen wollen und von allen dieselbe oder dieselben Gaben verlangen.

Wenn alle Glieder die gleiche Tätigkeit erfüllen wollen, ist der Leib kein Leib mehr! Das ist Unsinn! So wird das Bildnis Christi zu einem Spottbild gemacht. Die Intelligenz des Heiligen Geistes wird beleidigt.

Wer hat je einen Leib gesehen, der nur aus Fingern oder Nasen bestand? Würde ich ernsthaft auf einige meiner Brüder hören, wäre ich versucht zu glauben, daß der Leib Christi nur aus einer einzigen riesigen Zunge besteht! Das wäre grauenhaft! *»Wenn aber alles ein Glied wäre, wo wäre der Leib?«* (V.19). Warum verlangt man heute, daß alle Christen »in Zungen reden«?

Die Sprache ist uns gegeben, um Christus zu dienen. Dies können wir tun, indem wir von ihm Zeugnis geben oder ihn predigen. Das ist der wahre Sinn der »linguistischen« Gabe. Selbst die wunderbaren Sprachen des 2. Kapitels der Apostelgeschichte hatten dasselbe Ziel: Die Unbekehrten auf der Straße zu erreichen und sie von der Wahrheit Christi zu überzeugen.

Die *biblische* Auffassung der »Charismen« führt uns zu einem echten Charismatismus, der *alle* Geistesgaben anerkennt. Jede wird an ihrem Platz und in Demut ausgeübt, als organische Tätigkeit in der Vielfalt und Schönheit des Sohnes Gottes.

Eine Gabe unter vielen anderen

In »Explosion de Vie« habe ich versucht, die Größe und Vielfalt des Wirkens des Heiligen Geistes aufzuzeigen, wenn er einen Menschen erfüllt. Ich hielt folgenden Punkt fest: *Die Geistesgaben sind nur ein Teil seines Wirkens der Fülle, nur eine der sieben fortschreitenden Offenbarungen des Geistes.*

Auch die Sprachengabe ist nur eine Gabe von vielen anderen! Wir können die Fülle des Geistes mit den sieben Farben des Lichtspektrums oder noch besser mit der ganzen Skala der sichtbaren und unsichtbaren Sonnenstrahlen vergleichen. Wir könnten sie logisch auch mit der Oktave vergleichen: Ihre sieben Noten bilden die vollständige Tonleiter, auf die sich der Begriff der Musik begründet.

Wir müssen zugeben, daß jede einzelne Gabe — einschießlich der Sprachengabe — in diesem Gleichnis nur *einer einzigen Note* des Klaviers entspräche — oder noch weniger Bedeutung hätte. Wer die Sprachengabe auf Kosten der anderen Gaben emporhebt, gleicht einem Menschen, der eine Melodie mit nur einer oder zwei Noten komponieren will. Eine solche Musik hört man sich nicht lange an!

Möge der Leser nicht meinen, daß wir nun die Lehre in 1.Kor.12 ganz ausgeschöpft haben! Wer die Frage der Geistesgaben vertiefen will, sollte die viel ausführlichere Studie in meinem Buch *Explosion de Vie* lesen (Kapitel VII und Anhänge).

Bevor wir zum folgenden Text übergehen, können wir darauf hinweisen, daß Gott uns vor dämonischem Wirken warnt, das einen Menschen gegen seinen Willen zu etwas drängen will (1.Kor.12:1-3). Man hört manchmal sagen: »Es war stärker als ich.« Die bösen Geister wollen den Menschen ganz beherrschen, damit sie ihn gegen seinen Willen und seine Persönlichkeit manipulieren können. Der Heilige Geist handelt dagegen nicht so. Er nimmt niemandem seine Menschenwürde. Im geistlichen Gotteskind verschmelzen der Geist Gottes und der wiedergeborene Geist des Menschen in ein ordentliches und tief befriedigendes Wirken.

DIE GEISTESGABEN NACH 1.KOR.13

V.1: »Wenn ich in den Sprachen der Menschen und der Engel rede, aber keine Liebe habe, so bin ich ein tönendes

Erz geworden«... V.3 + 4: »Wenn ich meinen Leib hingebe, damit ich verbrannt werde, aber keine Liebe habe, so nützt es mir nichts. Die Liebe ist langmütig, die Liebe ist gütig«... V.5: »Sie sucht nicht das Ihrige, sie läßt sich nicht erbittern«... V.7: »Sie erträgt alles, sie glaubt alles, sie hofft alles, sie erduldet alles.«

V.8: »Die Liebe vergeht niemals; seien es aber Weissagungen, sie werden weggetan werden; seien es Sprachen, sie werden aufhören; sei es Erkenntnis, sie wird weggetan werden«... V.13: »Nun aber bleibt Glaube, Hoffnung, Liebe, diese drei; die größte aber von diesen ist die Liebe.«

Gabe = Geschenk = Liebe

Eine Geistesgabe ist vor allem ein Ausdruck der Liebe Gottes. Die Gabe ist tatsächlich das Transportmittel der Liebe Gottes. Und diese Liebe allein kann eine dauerhafte Wohltat bewirken. Eine »Gabe« ist im Grunde genommen nur die Folge einer Tat des *Gebens* und des *Sich-Hingebens*, des *Sich-Opferns* für die Brüder und die verlorenen Seelen. *Eine echte Geistesgabe ist der Ausdruck der Gnade Gottes.*[34] Ist sie nicht ein Überfluß von Liebe, so kommt sie nicht vom Geist Gottes: Sie ist fleischlich und gefährlich.

Paulus bringt hier einen neuen Punkt ins Gespräch. Er erinnert an den wahren Charakter des Geistes, den der *Gnade* Christi. Er beschreibt im Kapitel 13 die Frucht, die der Geist in einem Menschen bewirkt, den er erfüllt: Dieselbe Liebe, die den Herrn Jesus bewegt hat und immer noch bewegt. Liebe, die dient, die sich selbst in den Hintergrund stellt, die vergibt, die erträgt, die vertraut und Vertrauen einflößt. Wenn diese Liebe fehlt, sagt Paulus, ist es vergeblich zu behaupten, man übe eine Geistesgabe aus.

Wenn ich also bereits auf dieser Erde gelernt habe, Gott von ganzem Herzen zu lieben und meinen Nächsten wie mich selbst, kann ich eine Geistesgabe ausüben. Ich kann dann diese Liebe in Worte und Taten umsetzen. Ich kann sie durch die Hingabe meiner Zeit, meiner Kraft, meiner Fähigkeiten und meiner Mittel ausdrücken. Ich verstehe zu *geben*, was Gott mir *gegeben* hat: Das ist das Geheimnis der Geistesgabe. »Dient einander durch die Liebe.«[35]

Die Gabe selbst wird verschwinden, sobald sie nicht mehr nötig ist. Aber der Beweggrund dieser Gabe — die Liebe, die der Geist im Herzen des Menschen schafft — wird bleiben.[36]

Sie ist unvergänglich, denn sie kommt aus dem Herzen des Schöpfers.

Letzten Endes hat die Liebe nur eine Art und Weise sich auszudrücken: Durch *die Gabe*. Die Gabe dessen, was man besitzt, und schließlich durch die Selbst-Hingabe. So offenbart Gott die Gabe Christi der Welt. Er tut es durch die Hingabe eines menschlichen Lebens. Das ist der Sinn der Geistesgabe.

Hat ein Mensch eine echte Geistesgabe empfangen? Er wird es erfahren durch das Opfer, das damit verbunden ist; durch die Hingabe seiner selbst und alles dessen, was er besitzt.

Paulus sagt: Der wahre Sinn der Geistesgabe besteht nicht darin, zu empfangen, sondern darin, *zu geben*, anderen *Gutes zu tun*, den Brüdern und den verlorenen Seelen *zu dienen. Die Verwirklichung einer Geistesgabe geschieht durch das Kreuz*. Für sich selbst sterben, um anderen wohl zu tun.

UND 1.KOR.1:7?

WARUM SAGT PAULUS ZU DEN KORINTHERN: »DAHER HABT IHR AN KEINER GNADENGABE MANGEL«...?

Man verlangt von mir, folgendes zu glauben: »Paulus erkennt durch diesen Satz an, daß die wahren Geistesgaben in Korinth in Hülle und Fülle vorhanden sind.«

Ich betrachte jedoch dieses Argument aus drei Gründen für wertlos:

1. Die Gemeinde in Korinth *hat nicht einmal den Sinn der Liebe verstanden*, die der einzige Beweggrund einer echten Gabe ist.

2. Eine aufmerksame Lektüre der Kapitel 12 bis 14 zeigt, daß Paulus in Wirklichkeit die Art und Weise der Korinther *mißbilligt*, wie sie die Geistesgaben und im besonderen die Sprachengabe verstehen und ausüben.

3. Um diesen Satz zu verstehen: »Daher habt ihr an keiner Gnadengabe Mangel«, genügt es, ihn in seinen Zusammenhang zurückzuversetzen:

   »Ich danke meinem Gott allezeit eurethalben für die Gnade Gottes, die euch gegeben ist in Christus Jesus:

In ihm seid ihr in allem reich gemacht worden, in allem Wort und aller Erkenntnis, wie denn das Zeugnis des Christus unter euch befestigt worden ist. Daher habt ihr an keiner Gnadengabe Mangel…«

Anderswo gibt uns Paulus gut zu verstehen, daß es der Korinther-Gemeinde tatsächlich an wahren Lehrern, Propheten und Hirten *fehlt. Und doch war Korinth außerordentlich bevorzugt worden* und hatte seine Vorteile nicht zu nützen gewußt. Paulus hatte mindestens anderthalb Jahre lang in dieser Gemeinde gelehrt. Außerdem hatten sie den Vorzug, den Dienst des Silas, des Timotheus, des Titus und mehrerer anderer Brüder zu erfahren. Sie waren weit mehr verwöhnt worden als die Mehrzahl der von Paulus gegründeten Gemeinden. Und dennoch: Trotz allem, was Gott der Korinther-Gemeinde *gegeben* hatte, blieben die meisten Glaubenden unmündig und fleischlich.[37)]

Paulus ist weit davon entfernt, sie zu loben! Sie waren durch die Gnade Gottes reich beschenkt worden, aber sie hatten es nicht gelernt, ihrerseits zu geben.

Kapitel 8

UNTERSUCHUNG DER DREI PAULUSTEXTE IN 1.KORINTHER 12

Nach dieser Zusammenfassung der Lehre des Paulus über den wahren Charakter der Geistesgaben können wir endlich untersuchen, was er *die Gabe, »Arten von Sprachen« zu sprechen,* nennt. Sie, mein lieber Leser, können nichts Besseres tun, als die drei Kapitel (12, 13 und 14 des 1.Korintherbriefes) *hintereinander und am Stück* mehrmals durchzulesen. Auf diese Weise werden sie den Überblick gewinnen und den *allgemeinen Sinn* dieses Abschnittes erfassen. Danach sind die Einzelheiten viel leichter zu verstehen.

1.KORINTHER 12:10 UND 28

In den Versen 7 bis 10 und 28 bis 30 gibt Paulus zwei repräsentative Auflistungen der Geistesgaben. (Bitte vergleichen Sie sie mit seinen zwei anderen, parallelen Aufzählungen: Röm.12:3-8 und Eph.4:7-16.)

— V.10: »...einem anderen aber (wird gegeben) *Arten von Sprachen«* (gr.: *gene glosson).*

— V.28: »Und die einen hat Gott in der Gemeinde gesetzt... sodann... *Arten von Sprachen«* (gr.: *gene glosson*).

Was bedeutet der griechische Ausdruck »gene glosson«?

Die revidierte Elberfelder übersetzt diesen Ausdruck mit »(verschiedene) Arten von Sprachen«. Das Wort *genos* (im Plural: *gene*), das hier mit »Arten« übersetzt wird, ist interessant. Es bedeutet im wesentlichen »Nachkommenschaft« oder »Familie«. Von daher hat das Wort leicht die Bedeutung »Rasse, Nationalität« gewonnen. Im Neuen Testament bezieht es sich mindestens siebenmal (den Text, den wir untersuchen, ausgenommen) auf *Nationalitäten*. In den anderen Fällen bedeutet es entweder »Familie« oder (gleichbedeutend) »Gattung« oder »Sorte« oder »Art«. Im hebräischen Text des Alten Testaments hat übrigens das Wort »Familie«

oft die Bedeutung von »Nation«. Der Ausdruck »alle Familien der Erde« bedeutet »alle Nationen«.

Sprachen oder Pseudo-Sprachen?

Paulus gebraucht nicht das griechische Wort *phone*, das eine fließende Bedeutung hat. Man könnte es mit »Stimme« oder »Ton« übersetzen. Er sagt stattdessen *glossa*, was sehr genau »eine Sprache«, eine echte Sprache bedeutet. Es handelt sich um *Sprachenfamilien* (zweimal Plural).

Diese beiden Stellen allein helfen uns zu begreifen, welchen Sinn Paulus der Sprachengabe gibt. Es ist offensichtlich, daß er an menschliche Sprachen denkt, *genau wie in Apg.2.* Nichts in diesen Texten läßt die Vermutung zu, er habe ein unverständliches Reden im Sinn.

Anders ausgedrückt: Der Geist Gottes rechnet zu den Gaben, die er der Gemeinde schenkt, die Gabe, echte menschliche Sprachen zu sprechen, die nicht der Gemeinschaft eigen sind, zu der wir gehören.

Es ist klar, daß diese Art von Gabe für das Werk Gottes unendlich viel nützlicher ist, als ein unverständliches Reden.

Unser Text hebt zwei andere interessante Punkte hervor. Paulus sagt (Kap.2 V.4): »Einem anderen aber (wird gegeben) Arten von *Sprachen*.« Er sagt nicht »Sprache«, sondern »Sprachen« im Plural. Er sagt auch nicht, daß diese Sprachen unter alle Glieder der Gemeinde verteilt werden. Sondern daß sie einem Einzelnen gegeben werden: »Einem anderen...« (Singular).

Hier wird eine brennende, höchst aktuelle Frage aufgeworfen. Mehr als je zuvor braucht die Gemeinde Christi heute Männer und Frauen, die zwei oder mehrere Sprachen beherrschen. Unsere Brüder in den Entwicklungsländern brauchen immer mehr Helfer aller Art. Die Mehrzahl der menschlichen Sprachen leiden unter einem unentschuldbaren Mangel an christlicher Literatur. Durch Rundfunk, das gedruckte Blatt, Wanderausstellungen, Übersetzungen von Predigten können wir der Gemeinde helfen, ihre geistlichen Reichtümer allen mitzuteilen. Sagen Sie mir bitte nicht, diese Art von Dienst sei »weniger geistlich« als der Gebrauch einer unverständlichen Sprache, selbst wenn sie für »engelisch« gehalten wird. Gottes Ziel ist vor allem die Evangelisierung der Welt, das Heil der Seelen und die Auferbauung seines Volkes.

Ja! Ich glaube an die wunderbaren Sprachen, wie wir sie

in Apg.2 sehen! Aber ich glaube ebenso fest an die Sprachen der Menschen in unserer modernen Welt, die von einer teuflischen Bosheit gequält wird. Es ist unsere Aufgabe, ihnen die Botschaft des Christus zu bringen, sie den »ganzen Ratschluß Gottes« zu lehren... Und wie können wir das tun, wenn wir nicht in ihrer eigenen Muttersprache zu ihren Herzen reden können? Dieses letztere Wunder ist wahrlich größer als das erstgenannte.

Paulus stellt die Sprachengabe an den Schluß jeder der beiden Gabenlisten in diesem Kapitel (V.10 und 28). Im Vers 28 erkennt Gott eine Abstufung in der relativen Bedeutung der verschiedenen Geistesgaben an. »Und die einen hat Gott in der Gemeinde gesetzt *erstens* zu Aposteln, *zweitens* zu Propheten, *drittens* zu Lehrern, sodann... sodann... (und an letzter Stelle diejenigen, welche die Gabe haben) Arten von Sprachen (zu sprechen).«

Paulus will nicht, daß die Glaubenden in Korinth dieser Gabe eine übertriebene Bedeutung beimessen. Er faßt seine Haltung in folgendem Satz zusammen: *»Eifert aber um die größeren Gnadengaben.« Und das ist ein Befehl!*

1.KORINTHER 12:30

»Reden alle in Sprachen?«

»Reden alle in Sprachen?« Die grammatische Form dieser Frage mit der griechischen Verneinung *me* fordert eine verneinende Antwort. Dies ist gleichbedeutend mit der Behauptung: *Sie reden nicht alle in Sprachen*. Der Versuch, allen Glaubenden die Sprachengabe aufzuzwingen, widerspricht folglich klar dem Wort Gottes.

Aber sagt Lukas nicht das Gegenteil?

Man wird mir vielleicht entgegenhalten, daß in Apg.2 alle Glaubenden tatsächlich in anderen Sprachen geredet haben, denn es steht dort geschrieben: »Sie wurden alle mit Heiligem Geist erfüllt und fingen an, in anderen Sprachen zu reden...«

Trotzdem ist es gar nicht so sicher, daß an jenem ersten Pfingsttag alle Jünger in anderen Sprachen geredet haben. Der Text sagt nicht ausdrücklich, daß alle in anderen Sprachen geredet haben. Wer griechisch kann, wird merken, daß das Wort »alle« (gr.: *pantes*) in diesem Satz so gestellt ist, daß es sich auf das Verb *»wurden erfüllt« bezieht, aber nicht unbedingt auf das Verb* »fingen an zu reden«.

Können wir uns wirklich hundertzwanzig Personen vorstellen, die alle zugleich reden, um sich den Zuhörern verständlich zu machen? Der Geist Gottes kann nicht der Urheber einer solchen Verwirrung sein!

Petrus sagt in seiner Predigt: »Dies ist es, was durch den Propheten Joel gesagt ist...« *Aber Joel spielt in keiner Weise auf das »Reden in unbekannten Sprachen« an*. Er spricht nur von »weissagen«. Meiner Ansicht nach ist dies die beste Erklärung: Die Jünger haben sich (das ist fast sicher!) *auf beide Weisen ausgedrückt*: Einige redeten in Sprachen und andere weissagten.

In Apg.10:46 hörte Petrus die Bekehrten des Hauses des Cornelius »in Sprachen reden *und* Gott erheben«. In Apg.19:6: »Sie redeten in Sprachen *und* weissagten.« Wenn in Cäsarea und in Ephesus die Ausgießung des Heiligen Geistes diese beiden Ausdrucksformen bewirkte, wäre es dann erstaunlich, wenn in Jerusalem der Geist auf dieselbe Weise handelte?

Bemerkung zu 1.Kor.12:31

Wenn Gottes Geist einen Menschen erfüllt, beginnt dieser Mensch zu lieben: Durch seine verwandelte Persönlichkeit erreicht die Liebe Gottes die anderen. Sein Leben ist eine »Explosion« göttlicher Liebe. Damit diese Liebe nun anderen zum Nutzen sei, muß sie eine bestimmte Form annehmen. Sie muß auf die eine oder andere Art »kanalisiert« werden. Und dieser »Kanal« ist nichts anderes als die Geistesgabe, die der Geist jedem gewährt. Eine »Gabe« ist eine geistliche Befähigung, durch die der Mensch nützlich sein kann, indem er die Liebe Gottes seiner Umgebung mitteilt.

Nachdem Paulus uns in den vorangegangenen Versen (12:20-30) zu verstehen gegeben hat, daß es Gaben gibt, die wichtiger sind als andere, sagt er: »Eifert aber um die größeren Gnadengaben« (12:31).

Dann fügt er hinzu: »Und einen Weg (d.h. eine Art, darum zu eifern) noch weit darüber hinaus zeige ich euch.«

Daraufhin schreibt Paulus sein Kapitel über die Liebe! Er ermahnt uns, mit Eifer die besten Gaben zu suchen. Aber er will nicht, daß wir beim Suchen von einem fleischlichen Eifer beseelt sind. »Der Weg weit darüber hinaus« dieser Suche ist gerade die *Liebe* — Liebe, die wirklich die Frucht des Geistes ist.

Die Fülle des Geistes bewirkt in uns die wunderbare Liebe Christi. Diese Liebe will sich um jeden Preis ausdrücken. Sie tut es mit Hilfe der Gabe, die jedem Glaubenden gewährt ist. Die Gabe selbst ist nur ein Ausdruck der Liebe Gottes in Christus.

Kapitel 9

UNTERSUCHUNG DER ZWEI PAULUSTEXTE IN 1.KORINTHER 13

1.KORINTHER 13:1

Die Elberfelder übersetzt ganz wörtlich nach dem Griechischen:

»Wenn ich in den Sprachen der Menschen und der Engel rede, aber keine Liebe habe, so bin ich ein tönendes Erz geworden oder eine schallende Zimbel.«

Engelsprachen?

Wie oft habe ich sagen hören, die unverständlichen Sprachen der Glossolalie seien Engelsprachen!

Und doch sagt uns die Bibel überhaupt nichts von »Engelsprachen«! Nichts... — aber auch gar nichts! Die Engel sind Geister. Sie brauchen keine Aussprache, die von einer physischen Zunge oder von Zähnen oder von Stimmbändern abhängig ist!

Warum sollte Gott in seinen persönlichen Beziehungen mit Menschen wie uns, seinen Kindern, eine »engelische« oder »himmlische« Sprache gebrauchen? Jedesmal, wenn er in der Bibel zu Menschen sprach, *wählte er* anstelle einer »außerirdischen« *eine bekannte Sprache*, sei es Hebräisch oder Aramäisch oder Griechisch.

Die heute so weitverbreitete Meinung, Gott lege besonderen Wert darauf, in »Engelsprachen« zu uns zu reden oder uns zuzuhören, ist also völlig aus der Luft gegriffen.

Der Ausdruck »Sprache der Engel« kommt in der ganzen Schrift nur *ein einziges Mal* vor: Die Stelle, die wir hier vor Augen haben und wo Paulus sagt (wörtlich aus dem Griechischen): *»Wenn* ich die Sprache der Menschen oder (sogar) der Engel rede...« Für ihn ist das eine Annahme, die den gleichen Wert hat wie z.B.: *»Wenn* ich meinen Leib hingebe, damit ich verbrannt werde«. Es handelt sich um eine Hypothese, die seine Beweisführung unterstützt, und nicht um eine Feststellung. Es ist aber unzuläßig, eine Lehre auf eine Hypothese, auf ein einfaches *»Wenn«* aufzubauen.

Jedesmal übrigens, wenn die Bibel sprechende Engel erwähnt, legt sie *menschliche* Worte in deren Mund. Worte, die von den Angeredeten sofort verstanden werden. Denken wir z.B. an die Engel, die zu Lot sprachen (1.Mo.19) oder zu Hagar (1.Mo.21:17), zu Abraham (1.Mo.22:11 + 12), zur Mutter Simsons (Ri.13:3 + 11ff), zu Hesekiel (Hes.40-48), zu Maria und zu Zacharias (Lk.1:28-37,13-20), zu Joseph (Mt.1:20; 2:13,19), zu Philippus (Apg.8:26), zu Petrus (Apg.12:7 + 8) und zu Johannes (Offb.22:8 + 9). Jedesmal, ohne Ausnahme, geben sie ihre Botschaft in einer bekannten Sprache weiter, unzweideutig, klar wie das Sonnenlicht. Sogar der Engelchor, den die Hirten bei der Geburt Christi hörten, drückte sich in absolut verständlichen Worten aus (Lk.2:9-14).

Wenn übrigens ein Engel vom Himmel ein anderes Evangelium predigte, wäre er in Gottes Augen verflucht (Gal.1:8). Eine »engelische« Sprache ist nicht unbedingt von Gott eingegeben. Sie kann sehr wohl vom Bösen stammen.

Die Sprache: Transportmittel einer gekreuzigten Liebe

Gott gibt uns in diesem Abschnitt zu verstehen, daß die Fähigkeit, eine sogar »engelische« Sprache zu sprechen — falls es das gibt —, mir nichts nützt, wenn mein Tun nicht der Ausdruck der Liebe Gottes ist. Sein Geist will diese übernatürliche Liebe durch meine Taten und Worte ausdrücken. Wenn er mich erfüllt, so darum, damit ich meinen Bruder und meinen Nächsten liebe, ihnen Gutes tue, ihnen die Erkenntnis Christi bringe. Wenn ich also nur für mich rede, zu meiner persönlichen Befriedigung, vermittelt mein Tun meinem Nächsten nichts von der Liebe Gottes.

Das Wunderbare beweist nichts

Nur die offenkundige und unleugbare, durch den Heiligen Geist zum Ausdruck gebrachte Liebe Christi prägt unserem Reden das Siegel Gottes auf. Daß wir in übernatürlicher Weise reden, vielleicht sogar in einer echten menschlichen Sprache, beweist allein nichts. Denn die Diener Satans tun dasselbe. Das »Zungenreden« ist unter seinen Anhängern überall in der Welt eine wohlbekannte Erscheinung. Es kommt in der Mystik der orientalischen Religionen wie anderswo im Animismus vor. Im Westen wird es in spiritistischen Kreisen ebenso gepflegt wie in mehreren eigenartigen Sekten. Außerdem war es eine wohlbekannte Erscheinung in den heidnischen Religionen der Antike.

Paulus gibt uns in diesem Zusammenhang zu verstehen, daß das Übernatürliche allein nichts beweist. Nicht einmal ein Glaube, der Berge versetzt (V.2) oder ein Mut, der bis zum Märtyrertod geht. Das Kennzeichen, daß ein Wort oder eine Tat wirklich von Gott kommt, ist diese göttliche Liebe, die uns durch Jesus Christus geoffenbart worden ist.

Diese Liebe ist tatsächlich übernatürlich. Sie ist wunderbarer als alle Wunder. Satan versteht es, die Krafttaten Gottes nachzumachen. Aber er kann das Wunder aller Wunder, die *Agape* des Heiligen Geistes, nicht hervorbringen.

Wenn also meine »geistliche Gabe« nicht von dieser selben Liebe bewegt wird, und wenn sie diese Liebe nicht durch mein Tun meinem Zuhörer mitteilt, so ist diese »Gabe« vergeblich. Sie ist falsch. Sie ist dann nur ein »tönendes Erz«.

1.KORINTHER 13:8: »DIE SPRACHEN WERDEN AUFHÖREN«

»Die Liebe vergeht niemals; seien es aber Weissagungen, sie werden weggetan werden; seien es Sprachen, sie werden aufhören; sei es Erkenntnis, sie wird weggetan werden. Denn wir erkennen stückweise, und wir prophezeien stückweise; wenn aber das Vollkommene kommt, wird das, was stückweise ist, weggetan werden. Als ich ein Kind war, redete ich wie ein Kind, dachte wie ein Kind, urteilte wie ein Kind; als ich ein Mann wurde, tat ich weg, was kindisch war. Denn wir sehen jetzt mittels eines Spiegels, undeutlich, dann aber von Angesicht zu Angesicht. Jetzt erkenne ich stückweise, dann aber werde ich erkennen, gleichwie auch ich erkannt worden bin.«

Die Geistesgaben sind eine vorübergehende Phase

Wie die Weissagung und die Erkenntnis, wie *alle* Geistesgaben, wird die Sprachengabe aufhören, sobald das »Vollkommene« kommt (V.10), wenn wir »von Angesicht zu Angesicht« sehen werden (V.12).

Paulus lehrt uns durch diesen Abschnitt, *daß die Geistesgaben nur eine vorübergehende Stufe unseres Daseins sind.* Ohne die Liebe haben diese Gaben keinerlei Sinn. Sie sind nichts — während die wahre Liebe so bestehend wie Gott ist, denn Gott ist Liebe.

Nun ist die Art und Weise, wie der Geist diese Liebe ausdrückt, den Forderungen der Situation angepaßt. Und er bringt diese Liebe durch das Wirken seiner Gaben zum Ausdruck. Wenn jedoch »das Vollkommene« kommen wird, wird der Geist uns nicht mehr zu ermahnen und uns die Erkenntnis Gottes zu lehren brauchen. Wir werden bereits erkannt haben, wie wir erkannt wurden (V.12). Er wird sich nicht mehr in verschiedenen Sprachen auszudrücken brauchen, denn eine einzige Sprache wird uns in einem eindeutigen Verständnis vereinen (V.2).

Nun ist aber dieser Tag noch nicht gekommen. Wir warten noch immer auf »das Vollkommene«.

»Wenn aber das Vollkommene kommt.« Manche Christen legen diesen Satz aber so aus, daß sie ihn mit dem Ende des apostolischen Zeitalters gleichsetzen, dem Ende der Niederschrift der neutestamentlichen Offenbarungen. Diese Meinung führt zu der Behauptung, daß die Sprachen wirklich gegen Ende des ersten Jahrhunderts unseres Zeitalters aufgehört haben.

Diese Auslegung weist jedoch unüberwindliche Schwierigkeiten auf.

— Wie schon gesagt: »Das Vollkommene« ist noch nicht gekommen. Wir warten noch darauf, »von Angesicht zu Angesicht« zu sehen. An jenem Tag wird sogar die Erkenntnis »verschwunden sein«. Und doch ist die Erkenntnis offensichtlich noch nicht verschwunden. Sie wird uns hauptsächlich durch die Gabe des Lehrens vermittelt. Diese Gabe stellt ein unerläßliches Teil der geistlichen Ausrüstung der Gemeinde dar.

Die Gabe des Propheten ist genauso aktuell und notwendig für die Gemeinde. *Paulus betont sehr stark die Notwendigkeit dieser Gabe.*[38] Für ihn war diese Gabe gar nicht im Begriff, zu verschwinden. Er ermahnt die Korinther-Gemeinde ganz besonders, nach dieser Gabe zu streben.

— Eine andere Schwierigkeit kommt daher, daß Paulus hier das Fürwort *wir* gebraucht. In Vers 12 macht Paulus keinen Unterschied zwischen sich und den anderen Christen. Wie sie, sieht auch er noch »mittels eines Spiegels«, »undeutlich«. Er gibt zu, daß er nur »stückweise« erkennt. Er wartet noch immer auf »das Vollkommene«. Wenn also die Schriften des

Neuen Testamentes »das Vollkommene«, das »von Angesicht zu Angesicht« darstellen, wie erklären wir dann, daß Paulus, der so viel zum Entstehen dieser Schriften beigetragen hat, in der Erkenntnis nicht selbst im Zustand des »Vollkommenen« war?

— Übrigens: Wenn Paulus im Kapitel 13 seines Briefes glaubt, daß die Sprachen nach einiger Zeit aufhören werden, warum gebietet er dann im Kapitel 14, das Sprachenreden nicht zu hindern?

Meiner Meinung nach ist es zu leicht, zu behaupten, daß es die Sprachengabe nicht mehr gibt. Eine solche Behauptung beruht auf einer zu zerbrechlichen Exegese unseres Textes.

Selbst wenn sich die echte Sprachengabe heute als sehr selten erweist, so ist dies kein Grund, den Heiligen Geist daran zu hindern, sie zu gebrauchen, wann immer er es für nötig hält.

Kapitel 10

EINFÜHRUNG IN DAS STUDIUM VON 1.KORINTHER 14

DAS ZIEL DER BEWEISFÜHRUNG DES PAULUS

1. Paulus schreibt, um Ordnung zu schaffen

Hier, wie in seinem ganzen Brief, *bringt Paulus das Gleichgewicht dort,* wo die größte Verwirrung herrscht. Wir müssen dieses Kapitel unter diesem Blickpunkt lesen.

2. Paulus steht nicht im Widerspruch zu Apg.2

Wenn wir den Gedankengang des Paulus in diesem Kapitel verstehen und ehrlich auslegen wollen, *müssen wir notwendigerweise den klarsten Bibeltext berücksichtigen: Apg.2.* Im Kapitel 14 des 1.Korintherbriefes versteht Paulus unter »Sprachen« dieselbe Erscheinung, die Lukas in der Apostelgeschichte beschreibt.

Wenn dieses Prinzip einmal feststeht, besitzen wir den Schlüssel, durch dessen Hilfe wir das ganze Kapitel in logischer und nutzvoller Weise verstehen können.

3. Unter der Eingebung Gottes betrachtet Paulus die Sprachengabe im Rahmen der Versammlung

Wir müssen den Blickpunkt des Paulus festhalten. In den Kapiteln 11 bis 14 *hat Gott ein genaues Ziel vor Augen: Die Gemeinde und ihre Auferbauung* durch das Wirken des Heiligen Geistes.

Für Paulus *ist das Ziel einer Geistesgabe nicht die Selbsterbauung, sondern der Dienst am Nächsten.* Die Gabe ist ein Ausdruck der Liebe Gottes, die der Geist in der Seele des Glaubenden für seinen Nächsten schafft. Der Heilige Geist gewährt seine Gaben, *einschließlich der Sprachengabe,* zum Wohl der Gemeinschaft.

Im Kapitel 14 untersucht Paulus das Wesen und das Ziel der Sprachengabe *im Rahmen der Gemeinde.* Paulus beschäftigt sich in diesem Kapitel nicht mit der Frage der Heiligung des Einzelnen. Er denkt an die Heiligung *der Versammlung.*

Paulus beantwortet die Frage: Welchen Platz und welchen Nutzen hat die Sprachengabe in der Versammlung? Die geistlichen Gaben sind *zum allgemeinen Nutzen* bestimmt. Die Sprachengabe dient *(wie die anderen Gaben)* nicht der persönlichen Befriedigung des Redenden, sondern, um seinen Nächsten mit der Botschaft Christi zu erreichen..., wie in Apg.2. Der Apostel Petrus stimmt hier genau mit Paulus überein. Petrus gebietet: »Wie jeder eine Gnadengabe empfangen hat, *so dient damit einander.*«[39]

4. Paulus vergleicht hier zwei bestimmte Gaben

Paulus stellt die Sprachengabe der prophetischen Gabe gegenüber. Er konfrontiert die Gemeinde in Korinth mit folgender Frage: — *Welche dieser beiden Ausdrucksformen ist für die Gemeinde nützlicher, notwendiger? Seine gut ausgearbeitete Antwort ist unzweideutig: Die Gabe der Weissagung ist bei weitem nützlicher.* Das ist klar wie Kristall. Man muß sehr schwer von Begriff sein, um das nicht zuzugeben.

Paulus beschäftigt sich in diesem Kapitel weder mit der Echtheit noch mit der Gültigkeit der Sprachengabe selbst. Er untersucht einfach *die Rolle* dieser Gabe in bezug auf das Werk Gottes in den Versammlungen der Ortsgemeinde. Er erörtert auch nicht das Privatleben des Einzelnen. Für Paulus — und auch für Gott — ist jede Geistesgabe für die Auferbauung der Gemeinde gedacht (1.Kor.12:7).

In der Tat hält Gott diese Gabe im Rahmen der Versammlung für wenig nützlich. Der Geist Gottes kann nötigere und interessantere Gaben schaffen. Nach diesen Gaben sollen wir eifern. Es gibt *besseres* als die Sprachengabe!

UNVERSTÄNDLICHE SPRACHEN IN DER GEMEINDE?

Der Heilige Geist vergeudet nicht die Zeit der Gemeinde

In ihren Versammlungen soll die Gemeinde ihre Zeit *zum allgemeinen Nutzen*, zum größten Wohl *aller* verwenden.[40] Der Heilige Geist will *so wirksam wie möglich* handeln.

Wenn also ein Glaubender durch ein unnützes Tun die Gemeinde auch nur einige Minuten verlieren läßt, versperrt er dem Geist das Wirken. Wenn dieser Mensch eine Gemeinde von 100 Gliedern fünf Minuten verlieren läßt, so gehen in

Wirklichkeit 5 x 100 = 500 Minuten, d.h. 8 Stunden, für das Werk Gottes verloren. Der Heilige Geist wird niemals einen Menschen dazu verleiten, die Zeit zu verschwenden, welche die Gemeinde dem Herrn geweiht hat.

Welche der beiden in Frage stehenden Gaben wird in den Gemeindeversammlungen die nützlichere sein? Welche wird Christus den Menschen am besten offenbaren? Jemanden in einer Sprache reden zu lassen, die weder er selbst noch die anderen verstehen? Oder direkt im Auftrag Gottes zu den Brüdern in einer Sprache zu reden, die sie verstehen? Die Antwort ist so klar wie das Tageslicht.

WARUM GAB ES IN KORINTH SPRACHEN?

Korinth war ein Verkehrsknotenpunkt an der gleichnamigen Landenge zwischen zwei Meeren, ein sehr wichtiger Hafen der von vielen Kaufleuten, Seeleuten und Reisenden unterschiedlicher Sprache besucht wurde. Wäre es nicht selbstverständlich, daß sich der Heilige Geist gelegentlich eines Glaubenden in Korinth bediente, um einen Fremden in dessen eigener Sprache auf das Evangelium aufmerksam zu machen, damit dieser sich ernstlich für die Wahrheit interessiere und sich bekehre? Nur, sagt Paulus, müssen in diesem Fall die Anwesenden informiert werden, damit alle verstehen und durch die Buße eines Sünders, der sich zu Gott wendet, erbaut werden.

Im Denken des Paulus gibt es gewiß einen Platz für die echte Sprachengabe.

Menschen, die niemals ihr Ursprungsland verlassen und nur ihre Muttersprache sprechen, können sich schwer eine Vorstellung über die strategische Bedeutung einer echten Sprache machen. Dem Geist Gottes fehlt es nicht an Intelligenz! Er sucht jedem Menschen das Wort Gottes auf die echteste und wirksamste Weise nahezubringen.

Kapitel 11

DIE BIBLISCHE BEDEUTUNG DER BEGRIFFE: »PROPHETIE« UND »SPRACHEN«

Bevor wir das Kapitel 14 untersuchen, in dem Paulus die Sprachengabe der prophetischen Gabe gegenüberstellt, ist es nötig, die biblische Bedeutung der Worte »Prophet«, »Prophetie« und »prophezeien« klar herauszustellen.[41] Dies ist besonders nötig, weil die Vorstellungen von dieser Gabe im allgemeinen sehr verworren und manchmal irreführend sind.[42]

Der Prophet im Alten Testament

Mose gab dem Volk Israel ein von Gott eingegebenes *Gesetz*. Zugleich sonderte er den Stamm Levi aus, damit er dem Volk das Gesetz lehre.

Nach dem Tod Moses fiel das Volk rasch in Götzendienst und Unzucht. Nun begann Gott, Propheten zu berufen, die zu Wortführern Gottes wurden. Das bedeutet das Wort »Prophet« (gr.: *prophetes*). Es war ihre Aufgabe, das Volk und die Lehrenden zum Gesetz zurückzurufen.

Mose hatte am Schluß seiner Zusammenfassung des Gesetzes in 5.Mose 28 und 30 die Grundsteine der prophetischen Botschaft gelegt. Diese maßgebende Weissagung Moses enthält *drei große geistliche Regeln:*

— *Gehorsam gegenüber dem Wort Gottes bringt den Segen Gottes herbei* (28:1-14).

— *Ungehorsam löst die Strafe Gottes aus, die stufenweise strenger wird* (28:15-28).

— *Buße öffnet den Weg zur Wiederherstellung* (30:1-10).

Die Rolle des Propheten bestand wesentlich darin, diese drei Wahrheiten zu wiederholen. Er fügte dem Gesetz nichts hinzu. Er wandte es vielmehr auf das menschliche Gewissen an.

Die Botschaft des Propheten war tatsächlich ein *zweischneidiges* Schwert. Die Betonung hing von den Umständen ab:

— Entweder *warnte* er das Volk durch die in Gottes Wort enthaltenen Drohungen;

— Oder er *ermutigte* es durch die Verheißungen Gottes.

In beiden Fällen *war die Botschaft des Propheten direkt vom Wort Gottes eingegeben.* Er gründet seine Predigten *auf die Schrift.*

Die Rolle des Propheten wird in 2.Könige 17:12-23 sehr genau beschrieben.

Der Prophet im Neuen Testament

Es ist selbstverständlich, daß die Botschaft des neutestamentlichen Propheten immer noch notwendig ist. Seine Botschaft ist ebenso auf dem Wort Gottes begründet wie die des Propheten im Alten Testament. Paulus erkennt an, daß es eine echte Gabe der Prophetie gibt. Die Gemeinde hat echte Propheten dringend nötig: Gottesmänner, die mit einer aktuellen Botschaft beauftragt sind, welche die Glaubenden erweckt und ihnen die Augen öffnet. Der Prophet ist ein Wächter. Der echte Prophet »greift seine Botschaft nicht aus der Luft«. *Er redet »mit der Bibel in der Hand«.*

Einige Irrtümer über Prophetie

1.) Wir müssen den volkstümlichen Aberglauben vermeiden, der aus dem Propheten eine Art von mystischem Hellseher macht, der stets die Zukunft voraussagt.

Die Voraussage der Zukunft ist nur eine sehr zweitrangige Rolle des Propheten. Seine Hauptarbeit besteht darin, Sünde aufzudecken und den Glauben seiner Brüder neu anzufachen, indem er sie jedesmal zum Wort Gottes zurückführt.

Man meint oft, der Prophet schöpfe seine Eingebung aus einer eher undefinierbaren Quelle, die nicht unbedingt in direkter Beziehung zur Bibel steht. Diese Auffassung öffnet leicht allen möglichen Irrtümern die Tür. Die Botschaft des wahren Propheten hingegen bezieht sich immer auf die Schrift. Der Geist Gottes bringt sie mit einer Frische und Vollmacht, welche die treuen Herzen erreichen.

2.) Im Laufe der Jahrhunderte ist die Gabe des Propheten im allgemeinen Christentum in bedauerlicher Weise vernachlässigt worden. Die Struktur der Gemeinde hat diesem wertvollen Amt kaum Platz gelassen. Die »pastorale« Ausbildung hat allzu oft die prophetische Stimme des Geistes erstickt.

Die falschen Propheten

Wenn die Bibel, besonders in der griechischen Übersetzung des Alten Testamentes, den falschen Propheten beschreibt, gebraucht sie zumeist einen anderen Begriff als *prophetes*: Sie gebraucht das Wort *mantis*. Es reicht, die Bedeutung zu verstehen, die das heidnische Altertum diesem Wort gab.

Der (oder die) *Mantis* geriet oft in Verzückung, sprach meist in unverständlichen Worten, die dann von einem *Prophetes* ausgelegt werden mußten. Der *Prophetes* redete seine Zuhörer direkt in bekannter Sprache an. Gott verwirft ganz die Auffassung, der *Mantis* sei ein Prophet. Der *Mantis* wird im Alten Testament *immer* als von okkulten Mächten beeinflußt angesehen.[43] Dieser Begriff kommt ein einziges Mal im Neuen Testament in der Form des Verbes *manteuomai* vor. Es bezieht sich auf das von Dämonen besessene Mädchen in Philippi.[44]

In vielen Zusammenkünften unserer Tage, mögen sie christlich sein oder nicht, gleichen die Geisteskundgebungen erstaunlich dieser heidnischen Erscheinung des Altertums.

Die Bedeutung des Wortes »Sprache« im Griechischen

Es ist wirklich schade, daß einige französische und anderssprachige Ausgaben der Bibel ohne die geringste Rechtfertigung das griechische Wort *glossa* in 1.Korinther 14 übersetzen mit: »Unbekannte Sprachen« oder »unverständliche Sprachen« oder »verzückte Sprache« oder »die Sprache der Verzückung«..., wobei dieses Wort an allen anderen Stellen der gleichen Bibel, wie im Umgangsgriechischen, ganz normal mit dem einfachen Wort »Sprache« bzw. »Zunge« übersetzt wird.

Glossa bedeutet entweder »Zunge« (das Körperorgan im Mund) oder »Sprache«.

In Apg.2 haben wir gesehen, wie Lukas gleichbedeutend *glossa* und *dialektos* (Dialekt, Mundart) gebraucht, um dieselbe Sache zu beschreiben. Wir brauchen also den Sinn des Textes nicht zu komplizieren, indem wir dem Wort eine Bedeutung geben, die es im Urtext nicht hat.

Kapitel 12

FÜR EINE AUSGEWOGENE AUSLEGUNG VON 1.KORINTHER 14

DIE VIEL ZITIERTEN HALBVERSE

Die Anhänger der Glossolalie gründen ihre Lehre zum großen Teil auf *einige aus dem Zusammenhang gerissene, unvollständige Sätze* dieses Kapitels. (Wir führen sie aus der revidierten Lutherbibel von 1956 an.)

V.2: Denn wer in Zungen redet...der redet für Gott...
V.2: Vielmehr redet er im Geist Geheimnisse.
V.4: Wer in Zungen redet, der erbaut sich selbst...
V.5: Ich wollte, daß ihr alle in Zungen reden könntet...
V.14: Denn wenn ich in Zungen bete, so betet mein Geist...
V.15: Ich will beten im Geist... ich will Psalmen singen im Geist...
V.17: Du danksagst wohl fein...
V.18: Ich danke Gott, daß ich mehr in Zungen rede als ihr alle...
V.27: Wenn jemand in Zungen redet, so seien es ihrer zwei oder aufs meiste drei, und einer nach dem andern...
V.39: Wehret nicht, in Zungen zu reden.

Auf den ersten Blick scheinen diese paar Zitate ernsthaft diejenigen zu unterstützen, die auf die Notwendigkeit der Glossolalie pochen. Wenn wir aber jeden dieser Sätze *in den Zusammenhang* des ganzen Kapitels zurückstellen, und sie vor allem ergänzen und *die ganzen Verse* zitieren, sieht die Sache ganz anders aus. (Anm. des Übersetzers: Außerdem werden wir wieder die revidierte Elberfelder benutzen, die *glossa* nicht mit dem mißverständlichen Wort »Zunge«, sondern mit dem klaren Begriff »Sprache« übersetzt.) Es ist natürlich nicht sehr ehrlich, Verse, und noch weniger, Halbverse aus ihrem Zusammenhang zu reißen. Wer eine entschiedene und manchmal sogar aggressive Lehre auf einem so brüchigen Fundament bauen will, der baut wahrlich auf Sand.

Die Halbverse in ihrem Zusammenhang

Wenn wir diese Halbverse in ihren Zusammenhang zurück versetzen, machen wir sofort zwei Feststellungen:

1.) *Der ergänzende Teil jedes Halbverses verändert von*

Grund auf den Sinn des Abschnittes. Wenn wir jedes Zitat vervollständigen, erkennen wir viel klarer den Gedanken des Heiligen Geistes:

V.2-3: Denn wer in einer Sprache redet, redet... zu Gott... im Geist aber redet er Geheimnisse. *Wer ABER weissagt, redet zu den Menschen (zur) Erbauung...*

V.4: Wer in einer Sprache redet, erbaut sich selbst; *wer ABER weissagt, erbaut die Gemeinde.*

V.5: Ich möchte aber, daß ihr alle in Sprachen redet, *mehr ABER (noch), daß ihr weissagt.*

V.14: Denn wenn ich in einer Sprache bete, so betet mein Geist, *ABER mein Verstand ist fruchtleer.*

V.15: Ich will beten mit dem Geist (*Anm.:* Paulus sagt nicht »in Sprachen«), *ABER ich will auch beten mit dem Verstand. Ich will lobsingen mit dem Geist (Anm.:* Er sagt nicht »in Sprachen«), *ABER ich will auch lobsingen mit dem Verstand.*

V.17: Denn du danksagst wohl gut, *ABER der andere wird nicht erbaut.*

V.18-19: Ich danke Gott, ich rede mehr in Sprachen als ihr alle. *ABER in der Gemeinde will ich (lieber) fünf Worte mit meinem Verstand reden... als zehntausend Worte in einer Sprache.*

Die Verse 27, 28, 39 und 40 werde ich etwas später in diesem Buch erläutern.

Paulus sagt kurzum: — In Sprachen reden? *Es gibt Besseres* (V.1)! *Ich ziehe etwas anderes vor* (V.5)! *Aber warum überhaupt und wozu* (V.6-9)? Seid nicht so kindisch (V.20)! Eifert nach einer nützlicheren Gabe (V.12)!

2.) Zweitens stellen wir fest, daß *die betreffenden Halbverse nur einen sehr kleinen Teil dieses Kapitels bilden. Die Gesamtheit des Textes dagegen beurteilt das »Reden in einer Sprache« recht ungünstig. Das Übergewicht der Abschnitte, welche die »Sprachen« ablehnen,* läßt keinen Zweifel am Standpunkt des Apostels bestehen.

1.Korinther 14 ausgewogen betrachtet

Ein Blick genügt, um den Standpunkt des Paulus zu verstehen. Er will nicht, daß man die wahre Bedeutung einer Geistesgabe vergißt: *Nicht sich selbst, sondern andere* erbauen. Die Verse 6 bis 12 und 19 bis 25 zum Beispiel werden fast nie angeführt. Hier sind sie:

V.6: **Jetzt aber, Brüder, wenn ich zu euch komme und in**

Sprachen rede, was werde ich euch nützen, wenn ich nicht zu euch rede in Offenbarung oder in Erkenntnis oder in Weissagung oder in Lehre?

V.7: **Doch auch die tönenden leblosen Dinge, Flöte oder Harfe, wenn sie den Tönen keinen Unterschied geben, wie wird man erkennen, was geflötet oder geharft wird?**

V.8: **Denn auch wenn die Posaune einen undeutlichen Ton gibt, wer wird sich zum Kampf rüsten?**

V.9: **So auch ihr, wenn ihr durch die Sprache nicht eine verständliche Rede gebt, wie soll man erkennen, was geredet wird? Denn ihr werdet in den Wind reden.**

V.10: **Es gibt zum Beispiel so viele Arten von Sprachen in der Welt, und nichts ist ohne Sprache.**

V.11: **Wenn ich nun die Bedeutung der Sprache nicht kenne, so werde ich dem Redenden ein Barbar sein und der Redende für mich ein Barbar.**

V.12: **So auch ihr, da ihr nach geistlichen Gaben eifert, so strebt danach, daß ihr überströmend seid zur Erbauung der Gemeinde.**

V.19: **Aber in der Gemeinde will ich (lieber) fünf Worte mit meinem Verstand reden, damit ich auch andere unterweise, als zehntausend Worte in einer Sprache.**

V.20: **Brüder, seid nicht Kinder am Verstand, sondern an der Bosheit seid Unmündige** (gr.: Babys), **am Verstand aber seid Erwachsene.**

V.21: **Es steht im Gesetz geschrieben: »Ich will durch Leute mit fremder Sprache und durch Lippen Fremder zu diesem Volk reden, und auch so werden sie nicht auf mich hören, spricht der Herr.«**

V.22: **Daher sind die Sprachen zu einem Zeichen, nicht für die Glaubenden, sondern für die Ungläubigen; die Weissagung aber nicht für die Ungläubigen, sondern für die Glaubenden.**

V.23: **Wenn nun die ganze Gemeinde zusammenkommt und alle in Sprachen reden, und es kommen Unkundige oder Ungläubige herein, werden sie nicht sagen, daß ihr von Sinnen seid?**

V.24: **Wenn aber alle weissagen und irgend ein Ungläubiger oder Unkundiger kommt herein, so wird er von allen überführt, von allen beurteilt;**

V.25: **Das Verborgene seines Herzens wird offenbar, und so wird er auf sein Angesicht fallen und wird Gott anbeten und verkündigen, daß Gott wirklich unter euch ist.**

Wie könnte es deutlicher sein?

Kapitel 13

UNTERSUCHUNG DES TEXTES VON 1.KORINTHER 14:1 BIS 3

ERLÄUTERUNG DER ERSTEN FÜNF VERSE

Die ersten fünf Verse dieses Kapitels des Paulus sind besonders umstritten. Wenn man sie absondert und seine gesamte Lehre beiseite läßt, scheinen sie zwei oder mehrere Erklärungen zuzulassen. Aber der Geist der Wahrheit kann uns in die ganze Wahrheit leiten... unter der Voraussetzung, daß wir *alles* berücksichtigen, was er sagt: Die ganze Schrift.

Selbst auf die Gefahr hin, meinen Leser zu ermüden, möchte ich noch einmal betonen, daß *Apg.2 unumgänglich der Schlüssel zur Auslegung dieser schwierigen Verse ist.*

Für Paulus besteht die Sprachengabe hier wie überall in echten menschlichen Sprachen, die unter Gottes Eingebung *für die Ungläubigen* gesprochen werden.

VERS 1

»Strebt nach der Liebe; eifert aber nach den geistlichen (Gaben), besonders aber, daß ihr weissagt.«

Verfolgt (Das griechische Wort ist sehr kräftig.) **die Liebe**
Um zu verstehen, was Paulus unter »Liebe« versteht, bitte 1.Kor.13:4-8 nachlesen.[45)]

eifert (strebt kräftig) **übrigens nach den geistlichen Dingen**
Wörtlich: *»Die geistlichen Dinge«* (Plural Neutrum). Das Wort »Gabe« steht nicht im griechischen Text. Man kann diesen Ausdruck folglich mit »was geistlich ist« übersetzen. Paulus will sagen: »Eifert nach dem, was geistlich ist (und nicht nach dem, was fleischlich ist).«

vor allem (oder viel mehr) **aber, daß ihr weissagtet...**
Das heißt: Daß ihr für Gott und unter seiner Eingebung in einer bekannten Sprache direkt, harmonisch und für alle verständlich redet.

In diesem ganzen langen Kapitel, das folgt, stellt Paulus

die beiden Auffassungen über das Wesen der Geistesgaben einander gegenüber: Die wahre, die geistlich ist, und die falsche, die fleischlich ist. Wir könnten den Abschnitt so umschreiben: »Was die Gaben betrifft, eifert nach dem, was *geistlich* ist (und vermeidet, was fleischlich ist). Eifert also ganz besonders nach der Weissagung (Sie ist eine unentbehrliche Gabe für die Gemeinde. Solch ein Eifern ist *geistlich*.).«

Dieser Vers zeigt uns den Standpunkt des Paulus: *Er betont den Vorrang, welchen die Weissagung gegenüber den Sprachen haben muß.* Das ist keine Geschmackssache. *Es ist eine Pflicht.*

Ein falsches Argument

»Wenn nun die Sprachengabe die kleinste Gabe ist, laßt uns darum damit beginnen!«

Dieses Argument ist genau das Gegenteil von dem, was Gottes Wort lehrt. Gottes Wort sagt uns: Eifert um die *größeren* Gnadengaben, nicht um die untergeordneten und bestimmt nicht um »die kleinste«. Wenn man den Neugeborenen in Christus dazu anführt, mit der Sprachengabe zu *beginnen*, gibt man ihr aber den *Vorrang*. So wird Gottes Ordnung umgeworfen. Die Bibel lehrt uns nirgends, mit einer bestimmten Gabe »anzufangen«, um dann zu einer anderen Gabe überzugehen. Im Gegenteil: In Gottes Wort ist die Geistesgabe dem Gläubigen durch Gottes Wahl normalerweise auf Dauer gewährt. »Denn die Gnadengaben und die Berufung Gottes sind unbereubar.«[46]

VERS 2

»Denn wer in einer Sprache redet, redet nicht zu Menschen, sondern zu Gott; denn niemand versteht es, im Geist aber redet er Geheimnisse.«

weil (gr.: *gar*) **wer in** (einer) (fremden) **Sprache redet, redet nicht zu Menschen...**

Hier verbindet das Wort *gar* (= weil) diesen Satz mit dem vorhergehenden. Es gibt keinen Grund, hinter dem Wort »weissagt« einen Schlußpunkt zu setzen, wie es die meisten Übersetzungen tun.

Paulus argumentiert so: — Wir sollen vor allem danach streben zu weissagen, gerade *weil* der, welcher in einer Sprache redet, sich nicht an die Menschen richtet...

aber im Gegenteil zu Gott (oder: zu einem Gott)

In den Augen des Paulus ist die Tatsache, daß »wer in einer Sprache redet... zu Gott (oder »zu einem Gott«)« redet, *kein Anlaß, in Sprachen zu reden, ganz im Gegenteil...* — zumindest in der Versammlung. Die Konjunktion »weil« gibt dem folgenden Satz einen Sinn, welcher der allgemeinen Auslegung dieses Verses widerspricht.

weil (gr.: *gar*) **niemand zuhört.**

(Anmerkung: Das Verb bedeutet »hören, aufmerksam zuhören, gehorchen«. Dieses Verb, das über 400 mal im Neuen Testament vorkommt, wird mit 7 Ausnahmen[47] *überall sonst mit »zuhören, hören« übersetzt. Nur an dieser einzigen Stelle wird es meist mit »verstehen« übersetzt. Vor der letzten Revision stand im Luthertext: »Niemand hört ihm zu!«)*

Weil niemand in der Versammlung auf das hört, was in unbekannter Sprache gesagt wird, befiehlt der Apostel den Glaubenden (und das ist ein Gebot), eher nach der Weissagung als nach dem Sprachenreden zu eifern. Paulus sagt (V.1), er ziehe die Weissagung dem Sprachenreden vor, gerade »weil (V.2), wer in einer Sprache redet, redet nicht zu Menschen«, und auch *»weil* niemand zuhört«. Ein unverständliches Sprachenreden führt nicht zum *Gehorsam* gegenüber Gottes Wort.

Ein Gebet »in Zungen«?

Dieser Satz wird heute fast unendlich oft zitiert. Man rechtfertigt damit die Meinung, das »Zungenreden« sei in der Hauptsache eine Form des Gebets und somit in der persönlichen Andacht berechtigt. Und doch vergessen die Vertreter dieser Ansicht, was Paulus später in Vers 15 sagt, wo er gerade das Beten »ohne Verstand« ablehnt.

Einwurf: Und der Obersaal in Apg.2?

Man machte mir in diesem Zusammenhang folgenden Einwurf: 'Die Jünger haben im Obersaal in Jerusalem wirklich zu Gott und nicht zu Menschen geredet. Dies entspricht dem, was Paulus in 1.Kor.14:2 sagt: »Wer in Zungen redet, der redet... zu Gott«.' Daraus schließt man, das »Zungenreden« sei in der Hauptsache ein Gebet, ein Lobpreis und keine für Menschen bestimmte Botschaft.

Es tritt aber in jenem Text klar hervor[48], daß der Geist

bei seinem Herabkommen gerade das Ziel verfolgte, die vielsprachige, unbekehrte Volksmenge zu erreichen. In diesem Zusammenhang wird das griechische Wort *apophthengomai* gebraucht. Es bedeutet: »Mit lauter Stimme verkünden, rufen, indem man sich an die Öffentlichkeit richtet«. Die Sprachen der Apostel waren also weder Geflüster, noch Kauderwelsch und auch kein inniges Gebet. Sie waren ein gerufenes Zeugnis, eine Predigt, die zu echten Bekehrungen führte. Lukas, der Verfasser der Apostelgeschichte, bezeichnet etwas später im selben Kapitel der Apostelgeschichte die Predigt des Petrus mit demselben griechischen Verb (Apg.2:14). (Siehe auch meinen Kommentar über die Verse 14 und 15, *wo Paulus sich weigert, ohne seinen Verstand zu beten*. Man muß den Vers 2 parallel mit Vers 14 lesen.)

dagegen durch den Geist (Gottes) (oder: durch den [menschlichen] Geist; oder: durch einen [x-beliebigen] Geist; oder: im Geist; oder: in seinem Geist) **redet er**[49)]

Es ist nicht leicht, den genauen Sinn dieses Satzes zu bestimmen. Meint Paulus den »Geist Gottes« oder den »menschlichen Geist« oder einfach einen »Geist«, wobei dieser ein böser oder ein himmlischer Geist sein kann? Es ist ganz zulässig, das Wort *pneumati* auf den Geist Gottes zu beziehen. Aber wir können die anderen Möglichkeiten nicht ausschließen.

Mysterien, d.h. geheimnisvolle Dinge (oder vielleicht: persönliche Dinge)

Das Wort *mysterion* bedeutet »ein Geheimnis«. Von welcher Art »Geheimnis« redet der Apostel in diesem Vers?

1.) *Mysteria*, im Plural, das Paulus in diesem Zusammenhang gebraucht, bezieht sich in der griechischen Literatur des Altertums besonders auf die heidnischen »Mysterien«. Sie bestanden aus dämonischen Riten und Erkenntnissen, wie sie den Eingeweihten in okkulten Religionen geoffenbart wurden. Vielleicht befürchtet er, einige seien mehr oder weniger bewußt wieder in die früheren okkulten Tätigkeiten zurückgefallen.

2.) Es ist möglich, daß Paulus in diesem Abschnitt die »Mysterien« Gottes meinte. Ich schließe diese Auslegung nicht aus. Allerdings bietet sie große Schwierigkeiten, denn es gab zwischen den beiden Auffassungen einen gewaltigen Unterschied: Die Mysterien der Eingeweihten des Heidentums durften unter Todesstrafe nicht öffentlich verbreitet werden. Die Mysterien, oder vielmehr *das Mysterium* Gottes dagegen, das Paulus predigte, sollte jedem bereitwilligen Menschen verkündigt werden. Dieses Mysterium läßt sich in einem Wort zusammenfassen: Christus.

Warum sollte der Geist Gottes in der Versammlung Gottes Dinge zu verheimlichen suchen, die Gott nicht mehr geheimhalten will? Paulus verbrachte sein Leben damit, das »Mysterium Christi« überall bekannt zu machen. Wenn das Neue Testament übrigens vom Mysterium Christi oder vom Mysterium Gottes redet, gebraucht es dieses Wort im Singular. Paulus setzt es dagegen hier in den Plural, wie man es zur Bezeichnung der heidnischen Mysterien tat.

3.) Es wäre auch möglich, den Ausdruck »er redet Mysterien (d.h. geheimnisvolle Dinge)« als eine Anspielung auf »persönliche Dinge« anzusehen. Wenn Paulus an diese Art von Geheimnisse denkt, ist es klar, daß er sie nicht rechtfertigt. Dies hieße einen Widersinn aus der Geistesgabe machen, die der Geist als ein Mittel ansieht, die Gemeinde zu erbauen und anderen zu helfen. Auf alle Fälle ist es klar, daß wir nicht auf ehrliche Weise diesen Satz gebrauchen können (»im Geist aber redet er Geheimnisse«), um ein »unverständliches Zungenreden« zu rechtfertigen.

4.) Es versteht sich von selbst, daß die »Mysterien« von okkulter Eingebung sein können, wenn ein Mensch durch einen anderen Geist als den Geist Gottes redet.

VERS 3

»Wer aber weissagt, redet zu den Menschen (zur) Erbauung und Ermahnung und Tröstung.«

Wer aber weissagt, redet zu den Menschen Erbauung: zugleich Warnung und Ermutigung.

Wer weissagt, vermittelt den Menschen die Gedanken Gottes in bekannter Sprache und in klaren Worten, um (sie) zu erbauen: Sei es durch Warnung oder durch Ermutigung.

Der Gedanke des Paulus ist hier vollkommen klar. Er stellt den relativen Nutzen der beiden Gaben in der Versammlung gegenüber: Die Gabe der Sprachen und die Gabe der Weissagung. Wer weissagt, der erbaut oder »baut« die Gemeinde. Wer dagegen in einer Sprache redet, der erbaut sie nicht.

Die ganze Beweisführung des Paulus liegt in der Frage: *Wie kann ich am besten meinen Brüdern und Schwestern dienen*?

Selbstverständlich ist die unverständliche Sprache nicht die richtige Art und Weise!

Der neutestamentliche Prophet ersetzt nicht den Lehrer. Die beiden Rollen ergänzen einander. Der Lehrer legt die Grundsteine. Der Prophet wendet das Wort Gottes auf die gegebene Situation an. Paulus definiert die Rolle des Propheten so: Er baut die Gemeinde durch ein doppeltes Wirken des Wortes Gottes: Er *warnt und ermutigt*. Aber in beiden Fällen beruft er sich auf die Schrift.

Paulus stellt uns vor die Frage: *Was ist am nützlichsten und am nötigsten in der Gemeinde Christi: Ein wahrer Prophet? Oder ein Mensch, der unverständlich redet?*

Kapitel 14

1.KORINTHER 14:4

VERS 4

»Wer in einer Sprache redet, erbaut sich selbst; wer aber weissagt, erbaut die Gemeinde.«

Wer redet (in) **eine**(r) **Sprache** (wörtlich: Der eine Sprache Sprechende), **erbaut** (baut) **sich selbst; dagegen wer weissagt, erbaut** (baut) **die Gemeinde.**

Die Bedeutung des Wortes »Erbauung«

Wir müssen den Sinn des griechischen Wortes *oikodomein* bestimmen, das in den Bibelausgaben gewöhnlich mit dem deutschen Wort »erbauen« übersetzt wird. Das ist nicht schwer! Der griechische Ausdruck bedeutet einfach: *Ein Haus bauen*. Die Gemeinde »erbauen« bedeutet also: Eine positive, nützliche, aufbauende und *verständige* Arbeit verrichten, die das Wachstum der Gemeinde fördert.

Zum Wachstum der Gemeinde ist es natürlich erforderlich, daß sich alle möglichen Geistesgaben entfalten: Evangelisten, um die Seelen zu Christus zu führen; Hirten, die sie umgeben; Lehrer, um sie zu unterweisen; Propheten, die sie zurechtweisen und ermutigen.

Wenn der Heilige Geist das Haus Gottes baut, will er die stabilsten Werkstoffe benützen. Paulus treibt seine Leser dazu an, nach den *größten* Gaben zu eifern. Gott will nicht mit Heu und Stroh bauen. Gottes Bau kostet sehr viel. Man baut die Gemeinde nicht ohne Anstrengung, ohne Disziplin, ohne Mühe. Diese Arbeit erfordert das Opfer unserer Zeit und Mittel.

Das Leben der Propheten Israels zeigt uns, daß ihre Berufung im Leiden gestaltet wurde. Die prophetische Botschaft zog ihnen oft den Spott und sogar die Beleidigungen ihrer Zeitgenossen zu. Und doch ist ihre Botschaft positiv und aufbauend.

In seinem Brief an die Korinther vergleicht Paulus nun die Arbeit eines Propheten mit dem Reden in einer fremden Sprache. Mit diesem Vergleich will er die gewaltige Überlegenheit der Gabe des Propheten beweisen, der die Gemeinde baut, wie Mose und die Propheten das Volk Israel »gebaut« haben.

Wenn die Sprache aber unverständlich ist, was hat sie dann inmitten der Versammlung zu suchen? Paulus sagt wörtlich (V.9), daß eine unverständliche Sprache in der Versammlung ein »in den Wind Reden« ist. Er vergleicht sie (V.11) mit einer barbarischen Stimme.

Erbauen heißt: Solide Grundsteine legen; eine harmonische Architektur verwirklichen, die allen Witterungen trotzen kann, und die würdig ist, eine Behausung des Allerhöchsten zu sein.

»Wer in Zungen redet, der erbaut sich selbst«

Dieser Satz wird heute ohne Zweifel am meisten zitiert, um den Gebrauch der Glossolalie in der persönlichen Andacht des Glaubenden zu rechtfertigen.

Und doch handelt es sich um einen abgesonderten Halbvers, den wir unbedingt in seinem Zusammenhang und in bezug auf den Rest des Kapitels und des Briefes lesen müssen. Wie sollte man in diesem Satz des Paulus nicht eine gewisse Ironie feststellen?[50] In diesem Vers, wie im ganzen Abschnitt, soll die Überlegenheit der Gabe der Weissagung gegenüber der Sprachengabe hervorgehoben werden.

In diesem ganzen Kapitel redet er von der geistlichen Erbauung der *Gemeinde*, um uns damit verständlich zu machen, wie sehr in der Gemeinde die Weissagung dem Sprachenreden vorzuziehen ist. Nun lehrt Gott durch die Feder des Paulus ganz klar, daß das Ziel einer geistlichen Gabe die Erbauung *des Nächsten* ist, die Erbauung der Gemeinde, *und nicht die Selbsterbauung*. Die Gabe dient »zum allgemeinen Nutzen«.

Man wird mir entgegenhalten, daß Paulus immerhin sagt: »Wer in Zungen redet, der erbaut sich selbst.« Das soll beweisen, daß das »Zungenreden« für den Einzelnen in seiner persönlichen Andacht doch von Nutzen ist, selbst wenn es in der Gemeinde nicht viel nützt. Ich habe Freunde, die ich sehr schätze, und die an diesem Standpunkt festhalten. Ich kann ihre Meinung nur respektieren.

Trotzdem halte ich den Grund, auf dem ihre These aufgebaut ist, für sehr zerbrechlich. Ein halber Vers oder sogar mehrere Halbverse, die aus ihrem Zusammenhang gerissen werden, genügen bei weitem nicht, eine Behauptung solchen

Ausmaßes zu stützen, die der biblischen Lehre über das Wesen und den Sinn der Geistesgaben widerspricht.

Es ist wichtig, den wesentlichen Sinn der Beweisführung des Paulus zu bestimmen. Das ist nicht schwer: Er hat schon in seinem Kapitel 12 wie auch in seinen Briefen an die Römer im Kapitel 12 und an die Epheser im Kapitel 4 das wahre Wesen und Ziel der Geistesgaben definiert. Wenn Gott dem Menschen eine Gabe gewährt, ist das Ziel dieser Gabe der Dienst an den Brüdern und am Nächsten.

Die Vermutung, die Gabe des »Zungenredens« sei zur Erbauung des Redners gedacht, steht im Widerspruch zu allem, was das Neue Testament über die Geistesgaben lehrt. Das Ohr hört nicht für sich selbst. Es dient dem Wohl des ganzen Leibes. Ebenso verhält es sich mit dem Auge, der Hand, dem Fuß — und der Zunge. Wenn Gott uns eine Sprachengabe schenkt, können wir sicher sein, *daß sie nicht für uns selbst ist.* Sein Geist wird sie »zum *allgemeinen* Nutzen« gebrauchen.[51)] »Wie jeder eine Gnadengabe empfangen hat, *so dient damit einander.«*[52)]

Nun ist die Sprachengabe, wie Paulus selbst sagt, *nicht nur für die Glaubenden gedacht. Sie ist genau dazu bestimmt, die Ungläubigen zu überzeugen*, wie in Apg.2. Besonders durch die Bekehrung der Ungläubigen wurde an jenem Tag die Gemeinde »erbaut«, durch die Aufnahme von 3000 neuen Mitgliedern. Das ist der wahre Sinn der Sprachengabe. Glauben Sie sie zu besitzen? Dann sollten Sie eher auf die Straße, auf die öffentlichen Plätze, in die Schenken eines großen Hafens oder eines volkreichen und vielsprachigen Stadtviertels gehen und dort den Namen und die Botschaft Christi den Ungläubigen zurufen. Dort werden Sie den Sinn einer echten Sprachengabe entdecken.

Paulus schreibt seinen langen Brief an die Korinther, um Ordnung zu schaffen, wo Verwirrung herrscht. Er ermutigt sie nicht, auf dem Weg zu bleiben, den sie bisher gegangen sind. Gewiß: Die Hand oder das Auge, die für den Leib arbeiten, werden durch die Ausübung ihrer Tätigkeit selbst »erbaut«. Aber sie werden in dem Maß erbaut, wie alle Glieder zur Ernährung des Leibes beitragen. Es wäre undenkbar, daß das einzelne Organ nur für sich selbst arbeitet.

Der Gläubige wird immer erbaut, *wenn er Gott gehorcht.* Wenn ich erbaut werde, so deshalb, weil ich meine Gabe in den Dienst *der anderen* gestellt habe, anstatt sie nur für mich selbst benützen zu wollen. Im Fall eines echten Sprachenredens wird der Gläubige selbst erbaut. Das ist wahr. Aber er redet nicht in einer Sprache, um sich selbst zu erbauen!

Wenn die Gabe, verschiedene Sprachen zu reden, nicht ihren wahren Platz in der Gemeinde findet, so darum, weil nicht oft Ungläubige »in der Gemeinde« sind! Um Seelen zu fangen, muß die Gemeinde auf die Straße gehen. Man angelt nicht in einer Badewanne. Der Irrtum der Korinther bestand darin, daß sie den Sinn dieser Gnadengabe verloren hatten.

Man erwidert: »Das tut mir doch so gut!«

Darauf antworte ich: »Nun, mein Bruder, möge Gott Dich segnen!« Und doch kann der Glaubende ebenso himmlische Freuden erfahren und sich der Gegenwart Gottes so intensiv und vielleicht noch intensiver bewußt sein, ohne »in Zungen« zu reden! Das Zeugnis unzähliger Gottesmänner und -frauen im Laufe der Jahrhunderte ist der Beweis dafür.

»Es macht mich stutzig (lieber Bruder!), daß man Ihre 'Methode' nicht in der Bibel findet. *Die Bibel berichtet von keinem einzigen Fall, wo ein Mann oder eine Frau Gottes zu ihrer eigenen Erbauung 'in Zungen' geredet haben. Warum versuchen Sie, eine geistliche Gabe zu Ihrem persönlichen Wohlbefinden zu benützen, da doch der biblische Sinn der 'Gabe' ein ganz anderer ist?«* Das bedeutet, die logische, geistliche, biblische Ordnung der Tätigkeit des Leibes Christi zu verdrehen.

...wer aber weissagt, erbaut die Gemeinde.

Paulus ist nicht gegen die echte »Gabe, verschiedene Sprachen zu reden«, wenn sie an ihrem Platz und in biblischer Weise ausgeübt wird. Aber er betont sehr stark die Notwendigkeit, eine größere Gabe zu erstreben und auszuüben, wie z.B. die Weissagung.

Wenn er also ein wenig ironisch sagt: »Wer in der Versammlung in einer Sprache redet, der erbaut sich selbst«, ermutigt er nicht das Sprachenreden. Er beweist vielmehr, *daß es Größeres gibt* und daß man nach diesem *Größeren* streben soll. Liebe sucht immer das Wohl der Anderen. Das ist der wahre Sinn der Gnadengaben. Daß ich selbst erbaut werde, ist eine Sache für sich. Aber ich muß folgendes verstehen: Wenn der Geist Gottes mir eine Gabe schenkt und mich durch sie gebraucht, so darum, damit ich meine Brüder erbaue. Ist meine Haltung sonst nicht ein wenig ichbezogen und sogar kindisch?[53]

Eine Weissagung in »Zungen«?

Manchmal wird gesagt, daß eine Weissagung »in Zungen« gegeben werden kann. Darauf antworte ich, daß diese Art von Weissagung dem *Mantis* eigen ist, den die Bibel als dämonisch ansieht. Solche Weissagungen sind dem *Prophetes* fremd. Die Bibel erkennt diese Art von Prophetie bei den Gottesmännern nicht an. Sie gehört hauptsächlich zu den falschen Propheten der heidnischen Religionen. Kein biblischer Prophet hat je im Namen Gottes in einer unverständlichen Sprache geredet.

Zweitens will ich daran erinnern, daß der Apostel Paulus gerade schreibt, um die prophetische Gabe und die Sprachengabe einander *entgegenzusetzen*. Es sind zwei ganz verschiedene Dinge.

Kapitel 15

1.KORINTHER 14:5 UND 13

VERS 5 (ERSTER TEIL)

»Ich möchte aber, daß ihr alle in Sprachen redet, mehr aber (noch), daß ihr weissagt...«

Aber ich möchte, daß ihr alle Sprachen redet, viel mehr aber, daß ihr weissagt.

Paulus leugnet nicht, daß es eine echte Sprachengabe gibt. Wer aber behauptet, daß Paulus will, daß alle seine geistlichen Kinder in Korinth in Sprachen reden, widerläuft der Lehre über die Gaben. Er macht so die ganze Beweisführung des Paulus zunichte. Der Apostel gibt uns gut zu verstehen, daß *nicht alle in Sprachen reden* (Kap.12:30), denn wir haben *verschiedene* Tätigkeiten und Gaben (Röm.12:4-6). Wäre der ganze Leib eine Zunge... welch ein jämmerliches Bildnis Christi wäre dies! Und welch ein Greuel!

Es ist klar, daß auch hier Paulus einen freundlich-ironischen Ton anschlägt, wie ein Vater, der seine Kinder zum gesunden Menschenverstand zurückführen will. Wenn wir dieses Halbzitat in seinen Zusammenhang zurückstellen, wird uns der Gedanke des Paulus klar. Er wünscht für seine geistlichen Kinder etwas viel *Größeres* als die »Sprachen«, die sie zu reden versuchten.

Wir können diesen Vers so verstehen: »Wenn ihr nichts Größeres könnt, will ich wohl, daß ihr in Sprachen redet... wenn der Geist Gottes es wirklich wünscht und wenn er unter euch nichts Größeres zustande bringt. Aber ich wünsche noch viel mehr, daß ihr weissagt, denn so könnt ihr einander viel besser erbauen.«

Er wünscht, daß die Glaubenden wachsen, daß sie das Kindheitsstadium hinter sich lassen. Er will, daß sie erwachsen und fähig seien, in der bestmöglichen Weise zum Wachstum der Gemeinde beizutragen.

Paulus sagt selbst (wie wir in Vers 19 sehen werden), daß

er in der Gemeinde lieber fünf Worte mit seinem Verstand reden will, um andere zu unterweisen, als zehntausend Worte in einer Sprache. Klarer konnte er es uns nicht sagen!

Wie gesagt: Die Sprachengabe zielt nicht auf die Glaubenden ab. Sie brauchen sie nicht. Diese Gabe ist auch nicht für die persönliche Erbauung des Glaubenden gedacht. Das Wesen der Geistesgaben ist der Dienst *am Nächsten*, der *allgemeine* Nutzen. Gott verfügt über bessere Mittel, seine Kinder zu erbauen.

VERS 5 (LETZTER TEIL)

...»Wer aber weissagt, ist größer, als wer in Sprachen redet, es sei denn, daß er es auslegt, damit die Gemeinde Erbauung empfange.«

Größer (ist) **in der Tat, wer weissagt, als wer Sprachen redet, es sei denn, er** (oder: man) **übersetzt, damit die Gemeinde Erbauung empfange.**

Noch einmal erwähnt Paulus die Überlegenheit der prophetischen Gabe über die Sprachengabe. »Ach!«, wird jemand zu mir sagen, »wenn also die Sprache ausgelegt wird, wird die Gemeinde doch erbaut. Es kommt also auf dasselbe heraus wie die Weissagung.«

Ich antworte darauf: »Wenn die Sprache ein echtes Wirken des Geistes Gottes ist, wird die Gemeinde erbaut werden. Denn laut Apg.2 wird es normalerweise im weiteren Verlauf zu Bekehrungen kommen. Oder es werden wenigstens Ungläubige überzeugt werden, wenn sie das Wort Gottes in ihrer eigenen Sprache hören. Es wäre dann normal, daß diese Sprache übersetzt wird, damit die ganze Gemeinde die Botschaft und ihre Auswirkungen versteht. Es ist klar, daß in einem solchen Fall die Gemeinde erbaut wird, denn sie wird so Zeuge der Weisheit und der Macht Gottes.«

Es gibt aber einen Punkt, der der Aufmerksamkeit fast aller Leser dieser Worte des Paulus entgeht. Damit Gott wirklich verherrlicht wird, *muß der ganze Vorgang die Gemeinde erbauen: Nicht nur die Übersetzung, sondern die Sprache selbst*. Es ist nötig, daß *das Ganze* nützlich ist: Sowohl die Übersetzung, als auch die Sprache. Übrigens: *Wenn die »Auslegung« erbaut, warum sollte man sie nicht ohne die »Zunge« sagen?* Warum zuerst den Rückwärtsgang einschalten, um dann den Vorwärtsgang einzulegen? Der Geist Gottes ist nicht unsinnig. Hat er nicht gesagt: »Alle Worte meines Mundes sind klar«?[54] Die Gemeinde wird nicht erbaut, indem man ihre Zeit vergeudet. Nun gebietet Gott aber: »*Alles* geschehe zur Erbauung.« (V.26). *»So laßt uns nun dem nachstreben, was zur gegenseitigen Erbauung dient.«*[55] »So auch ihr, da ihr nach geistlichen Gaben eifert, so strebt danach, daß ihr überströmend seid *zur Erbauung der Gemeinde.«*[56]

Das Reden in einer unbekannten Sprache ist in der Versammlung nur gerechtfertigt, wenn ein oder mehrere ungläubige Fremde anwesend sind, die normalerweise nicht durch ein anderes Mittel erreicht werden können..., genau wie am ersten Pfingsttag. Die Botschaft muß dann übersetzt werden, damit die ganze Gemeinde Bescheid weiß. Oder: Wenn ein fremder Bruder eine Botschaft von Gott auszurichten hat, kann die Übersetzung dieser Botschaft in die geläufige Sprache ebenso alle Anwesenden erbauen.

Ist das nicht einfach und logisch?

Das wahre Wesen der Gabe der Übersetzung

Paulus gebraucht in diesem Zusammenhang den griechischen Ausdruck *hermeneia* mit seinen Ableitungen. Diese Worte bedeuten die *wörtliche Übersetzung* einer Sprache in die andere.[57] Die Bibel erkennt freilich eine gewisse Gabe der »Auslegung« an, die sich von der Gabe des »Übersetzens« unterscheidet. *Joseph* besaß sie. Er deutete die Träume des Pharao. Das gleiche gilt für Daniel, der die Träume Nebukadnezars auslegte. Dennoch *gebrauchen die Juden nie das Wort hermeneia*, um diese Art von Auslegung zu bezeichnen. Sie benützen hierzu einen ganz anderen Ausdruck: *synkrisis*. Der griechische Ausdruck *hermeneia* bedeutet ganz genau *Übersetzung*.

Nun redet Paulus nicht einfach von einer Gabe der »Auslegung«. Er stellt klar, daß es sich um *die Übersetzung der Sprachen* handelt. Er sagt nicht »Deutung der Gedanken«, sondern »Übersetzung *der Sprachen*«.[58] Paulus versteht darunter eine echte Übersetzung. Unter *glossa* versteht er klar *Sprache* und nicht Kauderwelsch. Unter *hermeneia* versteht er *Übersetzung* und nicht »Botschaft« oder sonst etwas.

Warum versteift man sich darauf, in diesem einzigen Paulustext den beiden Ausdrücken »Sprachen« und »Übersetzung« eine andere als die gewöhnliche Bedeutung zu geben? Laßt uns logisch, d.h. intelligent und einfach sein! Mit dem

Wort »Sprache« meint Gott *Sprache* und mit dem Wort »Übersetzung« meint er *Übersetzung*.

Wenn die Sprache eine echte menschliche Sprache ist, wie in Apg.2, dann ist es logisch anzunehmen und sogar gewiß, daß eine echte Auslegung dieser Sprache eine wahre Übersetzung ist. Wenn aber jemand etwas ganz Unverständliches sagt, und dann ein anderer, ohne das Gesagte verstanden zu haben, einen Gedanken als »Übersetzung« vorschlägt — das entspricht nicht mehr dem Charakter Gottes. Er ist Licht und seine Worte sind alle klar.[59]

Vor einiger Zeit behauptete ein sehr bekannter Prediger öffentlich, man solle nicht erstaunt sein, wenn die »Auslegung« einer »Zunge« manchmal viel länger dauert als die »Zunge«. Das komme oft in den Kreisen vor, wo die Glossolalie gepflegt wird. Er fügte hinzu (was mir recht unwahrscheinlich vorkommt), dasselbe »Zungenreden« könne mehrere, völlig voneinander verschiedene »Auslegungen« empfangen.

Welches Ausmaß von Unsinn werden wir in dieser Sache noch erleben? Handelt es sich da um Ahnungslosigkeit oder um eine Manipulation des Wortes Gottes ? Wenn jemand die Bibel in dieser Weise erklärt, kann er ihr alle x-beliebigen Bedeutungen geben. *»Wenn ihr durch die Sprachen nicht eine verständliche Rede gebt«*, sagt Paulus, *»wie soll man erkennen, was geredet wird?«* (V.9). Mose, Christus und Paulus sagen übereinstimmend: Die Echtheit einer Tatsache kann nur durch mindestens zwei oder drei Zeugen bestätigt werden. Diese müssen selbstverständlich voneinander unabhängig und wahrhaftig sein.[60] *Auch die Übersetzung muß geprüft werden.*

Ein Zeugnis muß überprüfbar sein

Einer der beunruhigendsten Gesichtspunkte der modernen Glossolalie besteht in der Tatsache, daß ihre Echtheit *nicht überprüfbar ist*. Ebensowenig wie die Lehren vom Karma und der Reinkarnation in den asiatischen Religionen.

Und doch sagt man mir: »Man muß glauben...« Aber Gott erwartet nicht, daß der Mensch wider alle Vernunft glaubt. Ja, wir sollen glauben, daß Christus auferstanden ist. Aber die Beweise sind da. Gott hat uns *vier* Evangelien gegeben, vier gültige Zeugnisse über die Auferstehung seines Sohnes, außer den Zeugnissen des Paulus, Lukas, Petrus, Jakobus und Judas.

Wenn man will, daß das Sprachenreden ernstgenommen wird, muß man eindeutige Beweise dafür erbringen. Wie kann man beweisen, daß eine Sprache echt ist, wenn sie nicht allein für den Redner, sondern auch für den »Auslegenden« und alle Anwesenden unverständlich bleibt? Wenn aber zwei voneinander unabhängige Zeugen die geredete Sprache verstehen und ohne sich abzusprechen dieselbe Übersetzung geben, so kann ihr Zeugnis die Ungläubigen überzeugen.

Wenn jemand eine echte Sprache spricht, so ist dies natürlich noch kein Beweis dafür, daß sie von Gott kommt und nicht aus einer anderen übernatürlichen Quelle. Selbst wenn der Vorgang von Gott kommt, hat die Zuhörerschaft das Recht, eine ernsthafte Prüfung vorzunehmen.[61] Eine Sache ist nicht unbedingt wahr, weil sie geglaubt wird. Die Welt muß unsere Botschaft überprüfen können. Sonst stehen wir nicht besser da als die Anhänger der Religionen, die eine blinde Zustimmung zu ihren Glaubenssätzen fordern.

Die Sprachen der Apostel in Apg.2 wurden hingegen als echt anerkannt, weil sie durch zahlreiche Zeugen bestätigt wurden, die ihren Sinn verstanden.

Der wichtigste Zeuge ist der Heilige Geist. *Aber wie kann man hoffen, daß er ein Zeugnis oder ein Wort bestätigt, das nicht hundertprozentig wahr ist?*

»Ein falscher Zeuge wird nicht für schuldlos gehalten werden.«[62]

Man antwortet mir manchmal: »Du darfst nicht zweifeln!«

Einige Prediger bezeichnen es als die unvergebbare Sünde, als die Lästerung des Heiligen Geistes, wenn jemand denkt oder sagt, daß die Glossolalie vom Fleisch oder einem Dämon gewirkt sein kann. Daraus folgt, daß viele Glaubende durch dieses Argument eingeschüchtert sind. Der Glaubende hat Angst, »die Geister zu prüfen«, mit denen er es zu tun hat. Man sagt ihm, er solle seine Ängste ersticken. Man ermutigt ihn, sich ohne Bedenken dem zu öffnen, was »der Geist« genannt wird. Der Glaubende soll seinen Verstand auf Sparflamme setzen oder ihn ganz abstellen. Jene Prediger sagen: »Man muß sich durch die 'Macht' *fortreißen* lassen...« Obwohl Gott diese passive Haltung als einen Charakterzug des Okkultismus brandmarkt (siehe 1.Kor.12:2). Gott warnt uns ausdrücklich: *»Glaubt nicht jedem Geist...«*[63] Er hat keine Angst zu sagen: »Prüfet mich.«[64] Gott anzuzweifeln ist eine Sache. Aber alles in seinem Wort zu prüfen, ist etwas ganz anderes! Gott will Licht.

Eine falsche Auffassung über die Gabe der Übersetzung

Heutzutage behauptet man oft, ein »Zungenreden« sei nötig oder gar wünschenswert, weil es wie ein Katalysator eine »Auslegung« hervorbringt. In anderen Worten: Selbst wenn eine »Zunge« nicht direkt erbaut, sei sie immerhin nützlich, weil Gott durch sie eine »Auslegung« »auslöst«. Und diese »Auslegung« hat angeblich den gleichen Wert wie eine Prophetie.

Dieses Argument ist gefährlich. Es ist eine Rückkehr zu den Auffassungen des antiken Heidentums. Dieser Vorgang ähnelt eigenartig den Orakeln von Delphi und anderswo. Durch den Mund der Pythis, die eine *Mantis* war (d.h. eine dämonische Prophetin), wurde die Botschaft des »Gottes« (im Griechischen ohne Unterschied: *daimon* = Dämon oder *theos* = [ein] Gott) in einer unverständlichen Sprache und oft im Zustand der Ekstase gegeben. Diese »Botschaft« wurde dann in einer bekannten Sprache durch den »Propheten« (gr.: *prophetes*) »ausgelegt«.

Sollte der Heilige Geist ein Mittel des antiken Okkultismus gebrauchen, um zu uns zu reden? Sollte er tatsächlich den Glaubenden als Mantis gebrauchen wollen, wo doch die Schrift diesen Ausdruck als einen Greuel verdammt? Der Gott, der zu Abraham, zu Mose, zu Samuel, zu Daniel, zu allen Propheten und Aposteln Christi geredet hat, wählte niemals diese Weise, um ihnen sein Wort mitzuteilen. *»Alle Worte meines Mundes«*, sagt er, *»sind klar für den Verständigen.«*[65]

Paulus spricht von »Sprachen«, die *ein Gerede in den Wind* (V.9), *ein undeutlicher Ton* (V.8), *ohne Nutzen* (V.6), *die Stimme eines Barbaren* (V.11), *eine Tätigkeit unreifer Kinder* (V.20) sind, die sogar einen Anstrich von Irrsinn haben können (V.23).

Der Apostel teilt uns in den Kapiteln 8 bis 10 mit, daß mehrere Glaubende in Korinth noch an den Fleischopfern für die Götzen teilnahmen. »Ich will aber nicht«, sagt er, »daß ihr Gemeinschaft habt mit den Dämonen« (1.Kor. 10:20). Paulus nennt diese Menschen, welche die Gemeinde verwirren, ohne Zögern »Diener Satans«.[66]

Wichtige Bemerkung

Paulus kommt später im Vers 13 auf die Frage der Übersetzung der Sprachen zurück. Deshalb untersuchen wir diesen Vers hier im Zusammenhang mit Vers 5.

»Darum, wer in einer Sprache redet, bete, daß er (es auch) auslege.«

Darum wer redet (in) **eine**(r) (fremden) **Sprache, der bete, daß er** (oder: man) **übersetze.**

Das Wort »Gabe« steht hier nicht im griechischen Text. Paulus sagt nicht, daß der in Sprachen Redende um *die Gabe* der Übersetzung bitten soll. Sondern er soll einfach beten, daß die Sprache übersetzt werde, sei es durch ihn oder jemand anderen (V.27-28). In Vers 27 *erlaubt* Paulus (der Text sagt nicht »ermutigt«) den Gebrauch einer Sprache in der Versammlung, vorausgesetzt, daß sie übersetzt wird. Und doch kommt er immer wieder auf dieselbe Frage zurück: Was ist *nützlicher* für die Gemeinde? Eine Botschaft in unbekannter Sprache, die dann in die bekannte Sprache übersetzt werden muß, oder eine Botschaft, die von Anfang an in verständlicher Sprache gegeben wird?

Paulus sieht keinen Nutzen in einem unverständlichen und unübersetzten Sprachenreden. Er fordert, daß wir bewußt und mit Verstand tätig sind. So kann der Geist Gottes wirksam die Gedanken Gottes in Christus offenbaren.[67]

Kapitel 16

1.KORINTHER 14:6 BIS 12

WARUM RUFT MAN DIESEN ABSCHNITT NICHT VON DEN DÄCHERN?

Der Apostel Paulus packt aus!

Wir haben uns lange mit den fünf ersten Versen dieses Kapitels beschäftigt. Aus dem einfachen Grund, weil sie zu den umstrittensten Versen gehören. Außerdem werden sie am häufigsten zugunsten der Glossolalie zitiert, meistens allerdings nur *zur Hälfte*! In den folgenden Versen (V.6 bis 12) sagt Paulus, was er wirklich denkt. Er zeigt, wie unsinnig ein unverständliches Sprachenreden in der Versammlung ist. Dieser lange Abschnitt ist so deutlich, daß er kaum erläutert zu werden braucht. Es genügt, diese Verse mehrmals mit größter Aufmerksamkeit zu lesen.

Warum aber läßt man diesen Teil der Beweisführung des Paulus fast regelmäßig beiseite? Diese Verse werden fast nie angeführt. Das ist nicht besonders erstaunlich, denn *der ganze Abschnitt begünstigt die Glossolalie nicht sehr.*

Man beschränkt sich auf einige unvollständige Sätze, die das »Zungenreden« zu begünstigen scheinen. Auf diese Weise wird dem Text Gewalt angetan. Deshalb sollte man diese Verse 6 bis 12 parallel mit dem restlichen Kapitel studieren, um eine ausgeglichene Idee über dieses Thema zu gewinnen..., und das wird nur selten getan!

VERS 6

»Jetzt aber, Brüder, wenn ich zu euch komme und in Sprachen rede, was werde ich euch nützen, wenn ich nicht zu euch rede in Offenbarung oder in Erkenntnis oder in Weissagung oder in Lehre?«

Aber in der Tat, Brüder, wenn ich zu euch komme (fremde) **Sprachen redend, worin wäre ich euch nützlich, wenn ich nicht** (eher) **zu euch rede, sei es durch Offenbarung, sei es durch Erkenntnis,** (das heißt) **sei es durch Weissagung, sei es** (durch) **Lehre?**

Wie könnte dieser Vers deutlicher sein?

Was hilft eine Rede in fremden oder unverständlichen Sprachen, selbst wenn sie aus dem Mund des Paulus in Person kommt? Wie können die Glaubenden von ihm Erbauung empfangen, wenn sie nicht verstehen, was er sagt?

Ganz im Gegenteil, betont er, brauchen sie eine Weissagung, die eine direkte Offenbarung Gottes bringt, oder eine Unterweisung, die ihnen eine wahre Erkenntnis Gottes und seines Wortes vermittelt. Nie kann eine unverständliche Rede einen dieser beiden Segen bringen.

Dieser Vers ist so klar und treffend, daß er jedesmal beim Thema der Sprachen zitiert werden müßte. Warum wird er in solches Schweigen gehüllt? Hat man Angst davor?

Die arme Gemeinde in Korinth braucht keine unverständliche Sprache. Sie braucht eine mächtige prophetische Botschaft, die ihre zahlreichen Sünden ins Licht rückt, und eine genaue biblische Unterweisung, die den Ernst der Lage und den möglichen Ausweg aufzeigt. Paulus gibt hier den Christen in Korinth zu verstehen, daß sogar ein Apostel, der in einer Sprache zu ihnen redet, *ihnen nichts nütze wäre.* Er würde es im Gegenteil vorziehen, als Lehrer oder als Prophet zu ihnen zu reden.

Dieser Abschnitt ist so einleuchtend. Die Beweisführung des Paulus ist so offenkundig. Ich wundere mich, daß manche so dickköpfig sind, keine Rücksicht darauf zu nehmen.

VERS 7

»Doch auch die tönenden leblosen Dinge, Flöte oder Harfe, wenn sie den Tönen keinen Unterschied geben, wie wird man erkennen, was geflötet oder geharft wird?«

So die leblosen Dinge, die einen Ton (oder: eine Stimme) **geben, es sei eine Flöte oder eine Harfe** (oder: Gitarre), **wenn sie keinen Unterschied ihren Noten geben, wie wird man erkennen, was auf der Flöte gespielt wird oder was auf der Harfe gespielt wird?**

Jedes Lebewesen hat eine ihm eigene Stimme, durch die wir es wiedererkennen. Das gilt auch für die leblosen tönenden Dinge. Deshalb werden die Musikinstrumente von den Menschen so angefertigt, daß sie jede Note der Tonleiter genau und mit einer besonderen Klangfarbe wiedergeben. Sonst ist keine Harmonie und keine Melodie möglich.

Nun sagt Paulus, daß sogar die leblosen Dinge erkennbare und aufeinander abgestimmte Töne hervorbringen können und sollen. Warum sollte es dann dem Heiligen Geist gefallen, sich in der Versammlung des lebendigen Gottes in verworrener oder unverständlicher Weise auszudrücken?

Christus ist die unendliche Weisheit, der Logos Gottes. *Logos* bezeichnet das klare und verständige Wort. Wenn es sich also um diesen Logos Gottes handelt, warum sollte da der Geist Gottes auf das einleuchtende und verständige (Das ist der genaue Sinn von *logos.*) Wort verzichten, um nur einen Ton hervorzubringen, der nicht eindeutig ist und dessen Bedeutung den Zuhörern entgeht? Die Suche nach einer unverständlichen Ausdrucksweise in der christlichen Versammlung ist ein Irrweg. Die Natur selbst lehrt uns die Weisheit.[68] Um so mehr der Geist Gottes!

VERS 8

»Denn auch wenn die Posaune einen undeutlichen Ton gibt, wer wird sich zum Kampf rüsten?«

Weil wenn die Posaune einen verworrenen (oder: ungewissen) **Ton** (oder: Stimme) **gibt, wer wird sich auf den Krieg** (oder: den Kampf) **vorbereiten?**

Der Apostel konzentriert die ganze Kraft seiner Beweisführung in diesem Vers. Die Gemeinde Christi ist in der Tat in einen Kampf auf Leben und Tod mit den teuflischen Mächten verwickelt.

Der wahre Prophet mobilisiert das Volk Gottes. Er ruft zur Buße, zum Gehorsam und zum Glauben auf. Die prophetische Botschaft muß notgedrungen klar, mächtig, kompromißlos sein. Der schwache Gideon verstand es, durch seinen kühnen Entschluß seine Generation aus einer unentwirrbaren Lage zu retten.[69] Die Stimme von Charles Studd und Hudson Taylor zog Tausende von jungen Missionaren nach Afrika und China.

Heute muß das Volk Gottes diese Stimme hören: Den Klang der Posaune Gottes, seinen Ruf zu den Waffen, seine Herausforderung, die alle Reserven der Gemeinde mobil machen wird, um *zum Angriff* auf die Mächte der Finsternis überzugehen. Heute mangelt es an hervorragenden Menschen im

Werk Gottes. Diesen Mangel erkläre ich durch das Klima der *Ungewißheit*, das in den Herzen durch die humanistische und existentialistische Theologie hervorgerufen wird. Diese Theologie zweifelt die Echtheit des Wortes Gottes an. Welcher Mensch wird schon seinen bequemen Sessel verlassen, um eine Aufgabe zu erfüllen, von deren Notwendigkeit er nicht im Geringsten überzeugt ist? Die Überlegung des Paulus erreicht ihre höchste Kraft in der Frage: *Wer wird sich zum Kampf rüsten?*

Der Christ ist dazu berufen, vor einer feindlichen Welt Zeugnis zu geben. Angesichts des Märtyrertodes braucht die Gemeinde eine prophetische Botschaft, die so klar wie das Sonnenlicht ist, und eine Unterweisung, die auch nicht den Schatten eines Zweifels zuläßt. Eine unverständliche Rede kann diese Gewißheit niemals vermitteln. »Dein Wort ist *Licht* für meinen Pfad.«[70]

Warum strebt unsere Generation nach *einem undeutlichen Ton?*

VERS 9

»So auch ihr, wenn ihr durch die Sprache nicht eine verständliche Rede gebt, wie soll man erkennen, was geredet wird? Denn ihr werdet in den Wind reden.«

So auch ihr, wenn durch die Sprache ihr nicht ein verständliches Wort (oder: eine Rede) (gr.: *logos*) **gebt, wie wird man wissen, was gesagt wird? Weil ihr in die Luft reden werdet.**

Wollen Sie in die Luft, in den Wind reden?

Wie ist die Gemeinde Christi dazu gekommen, nach einer unverständlichen Ausdrucksweise zu suchen? Wird die Welt sie nicht anklagen, die göttliche Botschaft verdunkelt zu haben? Wie kann man hoffen, die Welt durch eine Sprache zu überzeugen, die gar keine ist? Wird sie diese Redeweise nicht als Kauderwelsch ablehnen? Sollte der Geist des Allmächtigen sich wirklich daran belustigen, uns in ein solches Spiel hineinzuziehen? *Damit die Gemeinde erbaut wird, muß sie zuerst verstehen, was gesagt wird.* Sie besitzt doch das Buch der Aussprüche Gottes, die Definition seines Logos und seiner ewigen Weisheit. Warum sollte sie die ungewiße Stimme des Unverständlichen suchen? Der Geist Gottes ist der Geist der Weisheit und der Erkenntnis (Jes.11:2). In der Versammlung will er, daß ich meinen Brüdern *nützlich* sei. Die heutige Betonung des Irrationalen ist sicher eine Vermummung seines Werkes.

Ich weiß nicht, wie der Apostel Paulus deutlicher die unverständlichen Sprachen bei den Korinthern hätte mißbilligen können. Dieser Vers ist sehr kräftig. *Warum wird er nie zitiert, wenn über die Sprachengabe gepredigt wird?* Für Paulus ist eine unverständliche Rede in der Versammlung ein »Reden in den Wind«.

VERSE 10 UND 11

V.10: »Es gibt zum Beispiel so viele Arten von Sprachen (gr.: Stimmen) in der Welt, und nichts ist ohne Sprache (gr.: Stimme).«

Es gibt von Fall zu Fall so viele Arten von Stimmen (oder: Klängen) **in der Welt und** (doch) **keine** (davon) (ist) **ohne Stimme.**

V.11: »Wenn ich nun die Bedeutung der Sprache nicht kenne, so werde ich dem Redenden ein Barbar sein und der Redende für mich ein Barbar.«

Wenn also ich nicht kenne den Sinn (wörtlich: die Macht, d.h. den Wert) **der Stimme, werde ich für den, der redet, ein Barbar sein und der redet** (wird) **für mich ein Barbar** (sein).

Paulus nimmt kein Blatt vor den Mund! Die Sätze dieses Abschnitts fallen wie Hammerschläge.

Manche werden einwenden, es ginge in diesem Satz nicht um die Sprachen, weil das griechische Wort *phone* (Stimme) gebraucht wird und nicht *glossa* (Sprache). Aber in Wirklichkeit wird dadurch das Argument des Apostels ganz kräftig unterstützt.

Die Welt ist voller Stimmen, von denen jede eine wahre Bedeutung hat. Jeder Vogel hat einen eigenen Gesang. Jedes Tier besitzt einen definierbaren Schrei. Die Stimme des Baches, der Regen auf dem Dach: Alles hat eine eigene »Stimme«. Alle Stimmen, die Gott in diesem Universum geschaffen hat, haben ihre Bedeutung. Sogar das Licht, welches von den Sternen zu uns gelangt, erlaubt uns durch sein Spektrum herauszufinden, aus welchen Elementen diese Sterne bestehen. Der *Logos* Gottes bringt uns Klarheit und nicht Vieldeutigkeit. Wie Schafe die Stimme ihres Hirten kennen, so erkennt der Glaubende das Wort Christi wieder und versteht dessen Sinn. Was hat im Volke Gottes eine Stimme zu suchen, deren Sinn niemand versteht, nicht einmal der Redende selbst?

Der Geist lehrt uns in diesem Vers, daß es in der Verwaltung Gottes keine Stimme ohne Bedeutung gibt. Sogar die leblosen Dinge (V.7) haben alle eine eigene Stimme. In der riesigen Skala der elektromagnetischen Strahlungen hat jede Welle ihren bestimmten Platz. Jeder chemische Grundstoff fügt sich unfehlbar in die Struktur der Elemente ein. Jede chemische Reaktion ist exakt und voraussehbar. Der genetische Code ist von einer unvorstellbaren Genauigkeit! Wenn die Gesetze der Physik, der Chemie und der Biologie nicht beständig wären, wenn jedes Gesetz nicht seine unveränderliche und unverwechselbare Bedeutung hätte, würde das Universum zum Chaos werden oder sich in Teilchen auflösen.

Alles, was Gott tut, ist bedeutungsvoll. Wenn also die leblosen Dinge alle eine eigene Stimme, d.h. eine Bedeutung, haben, um wieviel mehr hat dann die Stimme des Menschen, d.h. seine *Sprache*, eine wahre Bedeutung! Der Heilige Geist lehrt uns, daß es im Universum Gottes keine Stimme ohne Bedeutung gibt. Das trifft im geistlichen Bereich noch viel mehr zu als im materiellen. Eine unverständliche Sprache kann also nicht vom Schöpfer kommen. Der Ausdruck an sich ist unsinnig. Denn das Wort *Sprache* bezeichnet gerade das verständliche Wort, durch das der Mensch sich ausdrückt, um *sich verständlich zu machen*. Reden, um sich nicht verständlich zu machen — das ist echter Unsinn.

Manche behaupten, Gott habe das Unverständliche als Verständigungsmittel mit dem Menschen gewählt. Aber er schuf doch gerade den Menschen in seinem Bilde (und dieses Bild ist Christus, der Logos und die Weisheit Gottes). Eine derartige Behauptung ist unglaublich naiv. Ich würde sogar sagen: Das ist eine Einstellung, die Gott entehrt. Das ist eine Tat, die seiner göttlichen Verwaltung widerspricht.

Wo kämen wir hin, wenn drei Viertel der Bibel in »unverständlicher Sprache« geschrieben wären... oder wenn Christus zur Hälfte »unverständlich« wäre... oder wenn unser Gebet — ja, unser Gebet! — und sogar die Antwort Gottes in dem Augenblick unverständlich wären, wo unser Glaube das Heil ergreifen sollte!

Der Sinn dieses Verses läßt sich so zusammenfassen: Das Unverständliche hat keinen Platz in der Verwaltung Gottes.

Ich weiß, daß Gott über unseren Verstand hinausgeht. Aber das kommt daher, daß er mehr Verstand hat als wir, und nicht, daß er unverständlich wäre. Wenn er zum Menschen redet, redet er so, daß er verstanden wird. Die göttliche Weisheit, die die Schrift eingegeben hat, ist so unendlich, daß wir niemals, nicht einmal in der Ewigkeit, ihre ganze Tiefe ergründen werden. Und doch: Wenn sie sich dem Menschen offenbart, macht sie sich ihm zugänglich. Aus diesem Grunde war der ewige und unaussprechliche Gott dazu bereit, ein Mensch wie wir zu werden: Er wollte sich uns zugänglich machen. Er sprach dieselbe Sprache wie die Menschen, unter denen er lebte. Seine Worte vermitteln uns, sogar wenn sie in eine moderne Sprache übersetzt werden, mit unfehlbarer Klarheit, was der Schöpfer genau über uns denkt.

Der Mißklang unserer heutigen Zivilisation mit ihren verschwommenen Werten, ihrer undefinierbaren Moral, stammt durchaus nicht aus der Eingebung der Person, die unendliches Licht und unendliche Weisheit ist. Das moderne Denken ist durch den Relativismus gekennzeichnet: Diesen Dunst, der alles und jedes erlaubt. Die Gemeinde Jesu Christi muß sich vor diesem Geist des Obskurantismus hüten. Sie ist dazu berufen, im blendenden Licht der absoluten Wahrheit Christi zu leben.

Anmerkung: Das griechische Wort *phone* kommt 139 mal im Neuen Testament vor, davon 4 mal in 1.Kor.14:7,8,10,11. Ein dutzendmal bedeutet es »Ton« (»Stimme« der Wasser oder des Donners! siehe auch Apg.2:6), aber *überall sonst* bezeichnet es eine verständliche Sprache. Zum Beispiel in Mt.3:3 nennt sich Johannes der Täufer die »Stimme eines Rufenden in der Wüste«. In Vers 17 handelt es sich um die Stimme des Vaters, der sagt: »Dieser ist mein geliebter Sohn.« In Mt.17:5 kommt die Stimme des Vaters mit den gleichen Worten aus der Wolke. In Mt.24:46 und 50 ruft Jesus am Kreuz die bekannten Worte aus. Der Begriff *phone* kommt besonders häufig im Johannesevangelium, in der Apostelgeschichte und der Offenbarung vor, wo er fast immer mit »Stimme« übersetzt wird. Es ist anzumerken, daß es in der Offenbarung selbst der Stimme des Donners oder der Stimme der großen Menschenmenge nicht an Bedeutung fehlt.

Keine »Stimme« *(phone)* ist in der Verwaltung Gottes ohne Bedeutung. Umso mehr ist das, was er »Sprache« *(glossa* oder *dialektos)* nennt voller Bedeutung, zumal die Sprache vom Geist seines Logos eingegeben wird!

Was hat dann mitten in dieser Verwaltung Gottes eine *unverständliche* Sprache zu suchen?

Wollen Sie für einen Barbaren gehalten werden?

Diese Verse sind so klar, daß sie kaum einen Kommentar brauchen. *Alles hat in der Schöpfung Gottes einen Sinn. In seiner neuen Schöpfung, zu der die Gemeinde bereits gehört*, wird sich sein Geist mit gleich großer Klarheit und Deutlichkeit ausdrücken wollen! Es ist also normal, daß in der Versammlung der Kinder Gottes alles Gesagte einen genauen Sinn hat.

Wenn ich diese Regel nicht beachte, sagt der Apostel, handle ich als »Barbar« und mache meine Brüder ebenfalls zu »Barbaren«.

Und da behauptet noch jemand, Paulus ermutige zur Glossolalie in der Gemeinde!

VERS 12

»So auch ihr: da ihr nach geistlichen Gaben eifert, so strebt danach, daß ihr überströmend seid zur Erbauung der Gemeinde.«

So auch ihr, da ihr eifert (oder: begehrt) (nach) (den) **Geistern, strebt, um im Überfluß zu sein zur Erbauung der Gemeinde.**

Immer wieder derselbe Kehrreim im Mund des Apostels! Es ist in seinen Augen wichtig, daß die Geistesgabe *zur Erbauung der Gemeinde* gebraucht wird. Mein Bruder wird nicht erbaut, wenn ich auf unverständliche Weise zu ihm rede. Darum ist es klar, daß ich Gott darum bitten muß, mir eine nützlichere Gabe zu gewähren. Gott gebietet uns, nach *größeren* Gaben zu streben.

Das letzte Wort dieses Verses, das Verb *perisseuo* bedeutet: Etwas im *Über*fluß, fast *zuviel* davon zu haben! Gott ist so reich, daß er seiner Gemeinde solche Gaben bewilligen kann, daß sie gezwungen ist, sich zu vermehren. Wenn es in einer Gemeinde zuviele Evangelisten, zuviele Lehrer gibt, so ist dies der Augenblick, sich zu trennen und eine neue Gemeinde zu beginnen! Das ist die natürliche Vermehrung bis ins Unendliche. Christus und Paulus hatten diese Schau von der Gemeinde. »So auch ihr«... Weil sogar die leblosen Dinge, die ganze Natur, alle menschlichen Sprachen eine wahre Bedeutung haben, darum sollen wir Gott bedrängen, *größere* Gaben zu erwecken als die Gabe, in einer unverständlichen Sprache zu reden!

Anmerkung

Das Wort »Geister« in diesem Vers (gr.: *pneumaton*, Genitiv Plural von *pneuma*) scheint in diesem Zusammenhang seltsam. Paulus sagt: »Weil ihr nach *den Geistern* eifert, so strebt danach, im Überfluß zu sein (mit anderen Worten: gewiß vom Heiligen Geist erfüllt zu sein), damit die Gemeinde erbaut wird.« Er sagt nicht, in »Geistern« überströmend zu sein... Das würde zum Okkultismus verleiten!

Ich denke, man muß diesen Abschnitt so verstehen: »Deshalb (wegen allem, was ich gesagt habe) da ihr so sehr nach (engelischen oder dämonischen) Geistern eifert (wie ihr es vor eurer Bekehrung tatet), strebt (jetzt) (lieber) danach, (geistlich) im Überfluß zu sein, um die Gemeinde zu erbauen.«

Paulus scheint auf ihr früheres heidnisches Leben anzuspielen. Er ermahnt sie jetzt, nach der Fülle des Heiligen Geistes zu eifern, damit sie der Gemeinde wirklich nützlich werden. Er warnt sie vor der Versuchung, Offenbarungen zu empfangen, die von einem anderen Geist als dem Geist Gottes stammen (selbst wenn es ein »engelischer« Geist wäre).[71]

Kapitel 17

1.KORINTHER 14:14 BIS 17[72)]

Hier kommt nun ein anderer umstrittener Absatz. Er enthält mehrere dieser Halbverse, die oft aus ihrem Zusammenhang gerissen angeführt werden. Ihr Sinn wird dagegen klar, wenn man sie in korrekter Weise in den Text zurückversetzt. Paulus faßt seinen Standpunkt im Vers 20 zusammen (den wir sorgfältig untersuchen werden). Er wirft den Korinthern vor, sie seien noch im Kindheitsstadium.[73)]

VERS 14

»Denn wenn ich in einer Sprache bete, so betet mein Geist, aber mein Verstand ist fruchtleer.«

Denn wenn ich in einer Sprache bete, betet mein Geist, aber mein Verstand ist unfruchtbar (oder: ohne Frucht).

Die »Zungen«: Eine Art von Gebet?

Paulus verbietet ausdrücklich das Sprachenreden in der Versammlung, wenn es nicht übersetzt wird, damit die Gemeinde natürlich *durch den gesamten Vorgang*, »Sprache und Auslegung«, »gebaut« wird. Dieses Verbot hat eine große Zahl heutiger Christen dazu geführt, das »Zungenreden« hauptsächlich als eine Art des persönlichen Gebets zu betrachten.

Aber diese Ansicht hat keinerlei biblischen Grund. In der ganzen Schrift gibt es nur *eine einzige* Anspielung auf ein »Gebet in Sprachen«: *Sie befindet sich in diesem Vers.* »Wenn ich in einer Sprache bete, so betet mein Geist, aber mein Verstand ist fruchtleer.« *»Wenn...«,* sagt Paulus. *Er sagt nicht*, daß er in einer Sprache betet. *Es handelt sich um eine Annahme.* Es ist erstaunlich, daß so viele Christen eine Lehre solchen Ausmaßes auf einen einzigen Vers der Bibel gründen wollen, der faktisch nur ein »Wenn« bietet. Das nennt man: *Auf eine Hypothese bauen*. Das heißt, einen Wolkenkratzer auf weichen Boden bauen zu wollen.

Der Heilige Geist hat uns in der Schrift sehr klar den Zweck seiner Gaben geoffenbart: Er gewährt sie, auf daß jeder damit den anderen diene.[74] Wenn also jemand zu seinem eigenen Wohlergehen danach strebt, in einer anderen Sprache zu beten, verkehrt er den biblischen Sinn der Gaben. Der Geist Gottes widerspricht jedoch nicht seinen eigenen Plänen. Er gibt sich auch zu nichts Unsinnigem her.

Gott fordert also, daß wir nicht nur unter der Eingebung des Heiligen Geistes beten, sondern auch mit dem Verstand. Sei es in der Öffentlichkeit *oder* im Privatleben. In Erläuterungen dieses Verses 14 habe ich sogar schon oft gehört, daß die »Fruchtleere« des Verstandes *verherrlicht* wurde. Als ob die Fähigkeit, die Gott nach seinem Bilde geschaffen hat, ein Hindernis für seine Gemeinschaft mit dem Menschen wäre. Dabei soll sie doch gerade mit unserer restlichen menschlichen Natur geheiligt werden. Als ob das unverständliche Gebet vor Gott mehr Wert hätte als ein Gebet mit dem Verstand! Christus gebietet uns, Gott nicht nur mit unserer ganzen Kraft zu lieben, sondern auch *mit unserem ganzen Verstand.*[75]

Betete Paulus in seiner persönlichen Andacht »in Zungen«?

Gewisse Christen halten an der Behauptung fest, Paulus habe in seinem persönlichen Gebet »in Zungen« geredet.[76] *Paulus sagt es aber gar nicht.* Das Neue Testament berichtet von keinem einzigen Mal, wo Paulus oder ein anderer Apostel »in Zungen« gebetet hätte. (Man muß übrigens anmerken, daß in den Versen 2 und 4, die oft in diesem Zusammenhang zitiert werden, die Wörter »beten« und »Gebet« nicht vorkommen.)

Ganz im Gegenteil: *Paulus betrachtet die Geistesgaben keineswegs als ein Mittel zur persönlichen Erbauung,* sondern eher als das Mittel, *andere* zu erbauen. Er hebt hervor, daß die Sprachengabe (V.22) im Blick auf die Ungläubigen und *nicht* im Blick auf die Glaubenden gewährt wird. Wie Petrus *diente er mit den empfangenen Gaben den anderen.*

In diesem ganzen Kapitel hat Paulus ein Wirken des Heiligen Geistes im Sinn, das die Gemeinde mit Hilfe der gewährten Gaben erbaut (siehe auch meinen Kommentar zu Vers 2).

VERS 15 (ERSTER TEIL)

»Was ist nun? Ich will beten mit dem Geist, aber ich will auch beten mit dem Verstand.«

Was nun? Ich werde beten mit dem (oder: durch den) **Geist**

(oder: [Heiligen] Geist) **aber ich werde auch beten mit dem** (oder: durch den) **Verstand.**

Man wird mir entgegenhalten, daß Paulus in diesem Vers sich wieder auf das Gebet »in Zungen« bezieht, denn er sagt: »Ich will beten mit dem Geist (oder: dem Heiligen Geist)...« Aber es ist klar, daß für Paulus ein »mit dem Heiligen Geist (oder: durch den Geist; oder: im Geist) beten« durchaus nicht dasselbe ist wie ein »in Zungen beten«. Der Rest dieses Satzes macht jeden Gedanken zunichte, er wäre mit dem »Gebet in Zungen« einverstanden, denn er erklärt: »Ich will beten mit dem (Heiligen) Geist, *aber ich will auch beten mit dem Verstand.*«

Paulus weigert sich also, ein Gebet in unverständlicher Sprache ins Auge zu fassen. Er ist kategorisch: Das Gebet muß nicht nur geistlich, sondern auch verständig sein. *Beides zusammen.* Für ihn kommt es nicht in Frage, die Vernunft »auf Sparflamme« zu setzen. Gott will *den ganzen Menschen* gebrauchen: »Euer Geist und Seele und Leib«.[77] Paulus vermindert nicht die Rolle des (Heiligen) Geistes: »Ich will beten mit dem (oder: mit Hilfe des) (Heiligen) Geist(es).« Dann fügt er jedoch kraftvoll hinzu: »*Aber ich will auch beten mit dem Verstand* (oder: mit Hilfe des Verstandes).« Viele meinen, der Ausdruck »mit dem Geist beten« bedeute notwendigerweise »in Zungen beten« (V.14). Tatsächlich sagt Paulus aber nur, daß er durch den Geist beten will. Er sagt nicht, daß er »in Zungen« beten will. Das wäre gleichbedeutend mit »ohne Verstand beten«. Für ihn gibt es jedoch keine Trennung und keinen Gegensatz zwischen dem Heiligen Geist und dem Verstand. Jedes unverständliche Element im Bereich des Gebets kommt nicht vom Heiligen Geist, weil er ein verständiges Beten will.

Die Philosophie unseres Jahrhunderts will einen Gegensatz zwischen der Vernunft und den intuitiven oder »psychischen« Fähigkeiten des Menschen schaffen. Das erklärt das gegenwärtige Streben zum Okkulten. Aber wir sehen nirgendwo in der Bibel, daß Gott den Menschen in die Dimensionen einer solchen Zweiteilung beschränken will. Gott will *ein ganzes Herz, einen vollständigen Menschen.*

Die Bibel kennt diesen heidnischen Mystizismus nicht, der den rationalen Teil des Menschen von seiner inneren Psyche trennen will. Es sind eher die okkulten Mächte, die nach dieser Mystik trachten. Gide nennt dieses Phänomen die »Abdankung der Vernunft«. Diese »transzendentalistische«

Passivität erlaubt diesen Mächten, in das Unterbewußtsein des Menschen einzudringen. Gott hingegen will eine totale Antwort von seiten des Menschen erwecken. Gott will auf alle menschlichen Fähigkeiten einwirken, um sie zu reinigen, zu verwandeln und zu seiner Ehre zu verwenden. Christus sagt, daß wir Gott »*in Geist*« (oder: durch den Heiligen Geist) »*und Wahrheit*« anbeten sollen. Beides ist nötig![78]

Und wie ist Epheser 6:18 zu erklären?

»Mit allem Gebet und Flehen betet zu jeder Zeit *im* (oder: durch den) *Geist*.« Auch Judas fordert uns im Vers 20 auf: »*Betet im* (oder: durch den) *Heiligen Geist*.«

Diese beiden Stellen werden oft zitiert, um ein Beten in unverständlicher Sprache zu begründen. Ja, unser Beten muß durch den Heiligen Geist eingegeben werden, wie übrigens alle Bereiche unseres Christenlebens. Doch sehe ich keinen Grund, warum man hier dem Amt des Geistes Gottes einen irrationalen Charakter beigeben sollte! Es ist wirklich Unsinn, das »Geistliche« als gleichbedeutend mit »unverständlich« zu betrachten!

Gott will uns beten lehren, wie er Abraham, David und die Propheten beten lehrte. Aber wo findet man in diesem Beten die geringste Spur eines unverständlichen Gedankens?

Und Römer 8:26 und 27?

»Aber der Geist selbst verwendet sich (für uns) in unaussprechlichen Seufzern... denn er verwendet sich für Heilige Gott gemäß.«

Hier erinnert uns Gott daran, daß sein Geist uns in unserem Gebetsleben unterstützt. Er offenbart uns seine Ziele. Er lehrt uns seinem Willen entsprechend zu beten. Er begleitet unsere schwachen Bemühungen mit seiner eigenen Fürbitte. Aber wo ist dieses wunderbare Wirken unverständlich? Warum sollte man dem Heiligen Geist eine unzusammenhängende Ausdrucksweise zuschreiben? Gott will uns *ganz*. Er will sich aller unserer Fähigkeiten bemächtigen.

Ein unnützes Argument

»Ich finde keine Worte, Gott zu loben. Deshalb gibt mir Gott eine neue Sprache, um ihm meinen Lobpreis auszudrücken.«

Und doch hat uns Gott die Bibel gegeben. Sie ist der vollständige Ausdruck seiner Gedanken in menschlicher Sprache! *Er hat uns so den gesamten Wortschatz des Heiligen Geistes zugänglich gemacht*. Wir haben Zugang zum *Logos* Gottes. Die Worte der Bibel — welch ein Wunder! — genügen dem Geist Gottes in seiner Beziehung zu den Menschen. Sollten sie da nicht auch uns genügen? Wenn der Wortschatz des Heiligen Geistes uns nicht befriedigt, wo werden wir dann einen anderen suchen? Die Worte der Bibel flößen dem menschlichen Herzen einen Reichtum von Gedanken und göttlichen Bestrebungen ein. Sie schaffen im Geist des Menschen den Gedanken Gottes. Durch sein Wort *pflanzt* Gott in uns den Glauben und *gibt* unser Gebet *ein*. Ich denke voller Sehnsucht an meine Jugend zurück, als meine nach Gott hungernde und dürstende Seele die Bibel zu »verschlingen« lernte. Mein Bibellesen wurde zugleich zum Gebet. Viele Stellen wurden schließlich zu einem Teil meiner Seele, z.B.: »Erhebe, Herr, über uns das Licht deines Angesichts!« (Psalm 4:6). »Frühe wirst du, Herr, meine Stimme hören...« (Ps.5:3). »Es gibt für mich kein Glück außer dir« (Ps.16:2 Züricher). »Ich liebe dich, Herr« (Ps.18:1). »Dein Angesicht, Herr, suche ich« (Ps.27:8). »Meine Seele dürstet nach Gott« (Ps.42:2). Mein Denken wurde zu einem von Gott eingegebenen Sprachgewebe. Die Worte Gottes schufen in meinem Geist den *Logos* Gottes. Sie zogen meine Seele zu ihm hin. Sie drückten das tiefe Bedürfnis meines Herzens aus.

Gott will in unserem Herzen eine Antwort auf seine Stimme wecken. Aber das Wort, das er uns mitteilt, ist klar, durchsichtig, lichtvoll. Es hat nichts nebelhaftes und unverständliches an sich. Gerade die Klarheit dieses Wortes schafft in uns den Glauben, der nicht mehr zweifelt, den Glauben, der rettet. Die Vieldeutigkeit hat keinen Platz im Denken Gottes.

Satan warf in das Herz der ersten Frau einen Zweifel: »Hat Gott wirklich gesagt?« Diese Uneindeutigkeit, diese Verschwommenheit ist der Menschheit zum Verderben geworden. Gott fordert, daß unser Ja ein Ja und unser Nein ein Nein sei. Die Verheißungen Gottes in Christus sind »Ja und Amen«. Warum sollte er da von uns eine *unverständliche* Antwort erwarten?

Ich wiederhole: Der Herr hat wirklich gesagt: »Du sollst den Herrn, deinen Gott, lieben mit ganzem Herzen... und mit *deinem ganzen Verstand«* (Mk.12:30). Gott wünscht, daß wir ihm unsere Liebe zu ihm sagen. Selbst wenn wir es mit noch so einfachen Worten tun. Gott ist der Inbegriff der Intelligenz. Es ist vielleicht sogar eine Beleidigung, sich in unzusammenhängender Weise an ihn zu wenden.

Ich bin überzeugt, daß eine Verlobte lieber einfache und vielleicht ungeschickte Worte aus dem Mund ihres Geliebten hören will, als einen Sturzbach von lateinischen Versen oder unverständlichen Tönen, die der junge Mann runterrasseln könnte, um ihr Freude zu machen, die er aber selbst nicht verstünde! Der kleine Satz allein »Ich liebe dich«, der ihr ins Ohr geflüstert wird, hat mehr Wert für sie als eine außerordentliche Abhandlung über die Liebe in chinesischer Sprache, deren Sinn der Bräutigam selbst nicht verstünde. Ich sage es noch einmal: Gott will unser Herz hören. Was mich betrifft (Gott weiß es), will ich lieber aus dem Mund meiner Frau den einfachen kleinen Satz hören: »Ich liebe dich...«, als unzählige Reden in unverständlicher Sprache. Ist die Gemeinde Christi nicht am Rande der Verrücktheit, wenn sie meint, Gott wolle sich verworrenes Zeug anhören?

Was anbeten?

Man sagt oft: *»Seitdem ich in Zungen rede, kann ich besser den Herrn anbeten.«*

1.) Aber wie können Sie wissen, daß Ihr »Zungenreden« Gott angenehm ist, wenn Sie nicht wissen, was Sie sagen? Die Gefühle sind kein ausreichender Grund für unseren geistlichen Bau. Die heidnischen Mystiker verspüren ähnliche Gefühle. Die Gefühle überzeugen sie davon, in voller Gemeinschaft mit dem zu sein, was sie »Gott« nennen. Letzten Endes kann unsere Gewißheit, mit dem Willen Gottes übereinzustimmen, nur aus seinem Wort kommen. »Gott ist Licht, und gar keine Finsternis ist in ihm« — weder Zweideutiges noch Irrationales. Gott will »in Geist« und auch *»in Wahrheit«* angebetet werden. Aber wie können wir wissen, ob unsere unverständlichen Worte *die Wahrheit* sind?

2.) Was soll man dann von denen sagen (und sie sind sehr zahlreich), die zugeben, daß sie, seitdem sie »in Zungen« reden, besser die Jungfrau Maria verehren oder besser Krischna oder sonst noch etwas anbeten können?

3.) Wenn wir nicht verstehen, was wir sagen, wie können wir dann tatsächlich wissen:

— ob unsere Sprache eine Sprache ist und kein Kauderwelsch?
— ob sie wirklich von Gott stammt und nicht aus einer anderen Quelle?
— ob das, was wir sagen, wirklich Gott angenehm ist oder nicht?

4.) Es stellt sich noch eine andere sehr ernste Frage: Wie kann der, der nicht versteht, was er sagt, die Hoffnung haben, den Geist seiner »Zunge« zu prüfen, wie es Gott ausdrücklich in 1.Joh.4:1-3 gebietet?

5.) Einige wohlgesinnte Glaubende haben »in Zungen« Lästerungen gesprochen, ohne sich dessen bewußt zu sein. Das ist eine Tatsache. Ich habe sie mit meinen eigenen Ohren lästern hören.

»‚In Zungen' beten, damit der Teufel nichts versteht«?

Es fällt mir schwer zu verstehen, daß ein Christ sich eines solchen Argumentes bedient. Die Dämonen, wie die Engel Gottes, haben oft einen leichten Zugang bis in das intimste Denken eines Menschen hinein, ohne daß er laut redet. Nein! Das einzige Mittel, den Teufel in Unwissenheit zu halten, ist das Ausmaß unserer Vertrautheit mit Gott. Je näher wir bei Gott sind, umso mehr umgibt uns seine Gegenwart! David sagt von denen, die in Gott ihre Zuflucht suchen: »Du verbirgst sie in dem Schirm deiner Gegenwart vor den Verschwörungen der Menschen! Du birgst sie in einer Hütte vor dem Gezänk der Zunge.«[79] (Wohlgemerkt: David hatte es nicht nötig, dieses Gebet in einer unbekannten Sprache vor Gott zu bringen!)

»In Zungen beten« für unbekannte Bedürfnisse?

Man sagt: »Wenn jemand weit entfernt wohnt, kennt man weder die Situation, in der er sich befindet, noch seine Bedürfnisse. Man kann darum nicht mit dem Verstand für ihn beten. Deshalb muß man für ihn in einer unbekannten ‚Zunge' beten.«

Wie kann ein Christ, der Gott und sein Wort kennt, solch ein Argument vorbringen? Gott kennt alle Dinge, und wir brauchen ihm überhaupt nichts zu erklären. Angenommen ich möchte, daß Gott einer Person zu Hilfe kommt, deren Lage ich nicht kenne. Warum sollte ich dann nicht einfach zu Gott sagen, daß ich zwar die Situation nicht kenne, Gott aber darum bitte, diese Person in ihrer Lage zu beschützen und zu segnen? Wie können Sie übrigens wissen, daß Sie in ihrem für andere unverständlichen Gebet nicht tatsächlich eher Fluch als Segen aussprechen?

Ich habe folgenden Eindruck: Da es keine echten *biblischen* Begründungen gibt, sucht man überall Argumente — besonders im Bereich der Hypothese oder sogar des Unwirklichen —, um ein »Beten in Zungen« zu rechtfertigen.

VERS 15 (LETZTER TEIL)

»Ich will lobsingen mit dem Geist, aber ich will auch lobsingen mit dem Verstand.«

Ich werde singen mit dem Geist (oder: im Geist, oder: durch den Geist), **ich werde singen aber auch mit dem Verstand.**

»In Zungen« singen?

Wo finden wir das in der Bibel? *Diese Erscheinung wird nirgends erwähnt*. Ja, Paulus sagt: »Ich werde *mit dem Geist* (oder: *durch den Geist*) singen«... Dieser Vers erwähnt aber gar nicht das Wort »Zungen«. Paulus sagt nicht, daß er »in Zungen« singen wird, sondern vielmehr, daß er mit dem Geist (oder: im Geist) singen wird. Dann definiert er kräftig den Sinn seiner Aussage, indem er hinzufügt: *»Aber ich will auch singen mit dem Verstand.«* Es ist nicht möglich, dem Paulus den Begriff eines »Gesangs in verständlichen oder unverständlichen Sprachen« zuzuschreiben. Er weigert sich doch gerade zu singen, ohne daß sein Verstand beteiligt ist.

Paulus sagt im Grunde nichts über ein »Singen in Zungen«. In aller Welt hat man die Lehre verbreitet, das »Singen in Zungen« sei ein wichtiges Werk des Heiligen Geistes. Wie war das bloß möglich? Der Heilige Geist rechtfertigt eine solche Behauptung doch gar nicht. Oh Volk Gottes! Kehre in tiefster Aufrichtigkeit zum Wort Gottes zurück!

Und die geistlichen Lieder?

Um den Begriff eines »Singens in Zungen« zu verteidigen, zitiert man oft Epheser 5:18-19 und Kolosser 3:16. »Werdet voll Geist, indem ihr zueinander in Psalmen und Lobliedern und geistlichen Liedern redet und dem Herrn in eurem Herzen singt und spielt.« Man muß wahrlich eine ganz besondere Brille aufsetzen, um in diesem Abschnitt ein »Singen in Zungen« zu finden! Die hier genannten Psalmen, Loblieder und geistlichen Lieder brauchen nicht unverständlich oder in einer fremden Sprache zu sein, um Gott zu verherrlichen..., ebensowenig wie die Psalmen Davids. Paulus sagt, daß der vom Geist erfüllte Mensch »in seinem Herzen« singt (gr.: *tei kardiai*, was auch bedeutet: »von seinem [ganzen] Herzen«). Aber der Text stellt klar, daß es sich um *eine echte Sprache* handelt, die hier »in Psalmen, Lobliedern und geistlichen Liedern« ausgedrückt wird. Das griechische Wort *oide* wird hier mit »Lieder« übersetzt. Hiervon stammt das deutsche Hauptwort *Ode*, das im Fremdwörter-Duden so definiert wird: »...Chorgesangsstück der Altgr. Komödie; erhabene, gedanken- oder gefühlvolle, meist reimlose, lyrische Dichtung in kunstvollem Stil; metrische Kompositionsweise nach antikem Versmaß«.

Dieses Wort wird in mehreren anderen Stellen gebraucht, z.B.: Das Lied der vier lebendigen Wesen und der vierundzwanzig Ältesten vor dem Lamm[80]; das Lied der hundertvierundvierzigtausend vor dem Thron Gottes[81] und... das Lied des Lammes[82]. Jedesmal werden die Worte dieser Oden erwähnt. Sie sind geistlich und vollkommen verständlich.

Der Ausdruck »geistliche Lieder« steht auch im Kolosserbrief 3:16: »In aller Weisheit *lehrt* und *ermahnt euch gegenseitig* mit Psalmen, Lobliedern und geistlichen Liedern, singt Gott in (oder: mit) euren Herzen in Gnade (oder: mit der Gnade, oder: mittels der Gnade).« Paulus sagt hier nichts von einem »Gesang in Zungen«. Er sagt, daß wir uns gegenseitig durch unsere Lieder lehren und ermahnen sollen. Das ist nicht möglich, ohne daß der Heilige Geist unsere biblischen Kenntnisse voll gebraucht!

Die Kolosser und Epheser hatten drei Arten von geistlichen Liedern: »Psalmen«, »Loblieder« und »geistliche Lieder«. Aber jede dieser drei griechischen Gesangsformen behandelte ein Thema und besaß eine Gliederung. Wie kann man denn schon seinen Bruder mit einem unverständlichen Gesang lehren und ermahnen?

VERS 16

»Denn wenn du mit dem Geist preist, wie soll der, welcher die Stelle des Unkundigen einnimmt, das Amen sprechen zu deiner Danksagung, da er ja nicht weiß, was du sagst?«

Sonst wenn du (nur) **danksagst im Geist** (oder: durch den Geist, oder: [nur] in [deinem] Geist, oder: in [deinem] Herzen) **wer einnimmt den Platz des Unkundigen, wie wird er sprechen das Amen nach deiner Danksagung? weil er nicht weiß, was du sagst.**

»Wenn du (nur) im Geist danksagst...« bedeutet: Wenn dein Dankgebet, obwohl es vollkommen geistlich ist, nur im Innern deiner Seele stattfindet, wie kann es dann deinen Bruder erbauen? Oder wenn es für die Zuhörer nur in einer unverständlichen oder unzugänglichen Weise hörbar wird, wie könnten sie an deinen Gefühlen Anteil nehmen? Auf alle Fälle bleibt ein persönliches Gebet, so wertvoll es auch sei, eine Angelegenheit zwischen dem Einzelnen und dem himmlischen Vater. Es kann nicht als ein Teil des Gruppengebets der Gemeinde betrachtet werden.

Die Korinther schienen diesen grundlegenden Unterschied nicht erfaßt zu haben. Es ist normal, daß ein Bruder im Kreis der Brüder Gott im Verborgenen seines Herzens lobt, dankt oder ihn anfleht. Er stört so keineswegs das Wirken des Heiligen Geistes in der Versammlung. Aber wenn jene Person aufsteht und öffentlich und laut hörbar in einer für die Brüder unverständlichen Sprache Gefühle ausdrückt, die nur Gott und ihn allein angehen, so kann dies nicht als ein Wirken des Heiligen Geistes angesehen werden.

Selbst wenn jene Person in einer echten Sprache redet, die den Anwesenden aber unbekannt ist, wie können sie zu seinem Gebet Amen sagen? Gott will aber, daß die ganze Gemeinde sich solidarisch erklären kann, indem sie zum Gebet eines Bruders »Amen!« sagt. Wenn z.B. in der Korinther-Gemeinde ein Glaubender sich um jeden Preis auf Persisch (das in dieser Stadt wenig gesprochen wurde) oder in einem (noch weniger bekannten) iberischen Dialekt ausdrücken wollte, wie konnte der, welcher diese Sprachen nicht erlernt hatte, einen Nutzen von dem Gesagten haben? Halten wir fest, daß der griechische Ausdruck *idiotes* (welche die rev. Elberfelder in diesem Vers mit »Unkundiger« und die Züricher mit »Uneingeweihter« übersetzt) eigentlich eine Privatperson bezeichnet, »die kein öffentliches Amt im Staat innehat«. Dasselbe Wort kennzeichnet in Apg.4:13 die Apostel. Für die Juden der damaligen Zeit hatte dieses Wort den Sinn: »Jemand, der keine offizielle Stellung in der national-religiösen Struktur einnimmt«, oder »der nicht Alt-Hebräisch kennt«. Weil die zwölf Apostel selbst *idiotai* waren, können wir die *idiotai*, von denen Paulus hier redet ohne Zweifel als Glaubende ansehen, die aber keine besondere Kenntnis auf dem Gebiet der Sprachenkunde oder der Theologie besaßen. Alle in der Versammlung sollen zu jedem Gebet »Amen« sagen können. Sonst wird das geistliche Empfinden der Brüder verletzt. Paulus beweist, wie unnütz ein unzusammenhängendes Gebet ist.

VERS 17

»Denn du danksagst wohl gut, aber der andere wird nicht erbaut.«

Denn natürlich du, du danksagst schön, aber der andere ist nicht erbaut.

»Ja aber«, protestiert jemand, »ich selbst werde doch gesegnet, wenn ich vor meinen Brüdern 'in Zungen' bete!« Trotzdem, sagt der Apostel Paulus, *werden deine Brüder nicht erbaut*. Und das ist das Kriterium, welches die Echtheit oder Unechtheit deiner sogenannten »Gabe« bestimmt. Die griechische Partikel *men* bringt einen ironischen Ton in diesen Satz: »Du, *natürlich*!, du bringst schöne Dankgebete vor!...« Aber dein großartiges Gebet ist leider für deinen Bruder nicht zugänglich! Wozu dann das alles?

Kapitel 18

1.KORINTHER 14:18 BIS 20

Wir werden uns jetzt wieder mit einem äußerst klaren Abschnitt beschäftigen, selbst wenn der erste Vers (V.18) für einige sehr umstritten bleibt.

VERS 18

»Ich danke Gott, ich rede mehr in Sprachen als ihr alle«...

Ich danke Gott, ich rede (in) **Sprachen mehr** (oder: öfter in [Fremd-]Sprachen) **als ihr alle.**

Noch einer dieser unvollständigen Sätze, die der Glossolalie auf den ersten Blick Recht zu geben scheinen! Nichts in der Beweisführung des Paulus erlaubt uns zu vermuten, er habe ein »Sprachenreden« gepflegt, das irgendwie dem gleichen würde, was man heute »Glossolalie« nennt. Der vorliegende Satz ist die einzige Stelle, die so ausgelegt werden könnte. Man vermeidet aber, den ganzen Satz zu zitieren. Sein Sinn wird durch den Zusammenhang gewaltig verändert.

Das Neue Testament kennt nur eine Gabe göttlichen Ursprungs, Arten von Sprachen zu sprechen.[83] Für Paulus besteht diese Gabe darin, richtige menschliche Sprachen zu sprechen. Wir müssen also diesen Satz des Paulus im Licht der Erläuterungen verstehen, die der Heilige Geist uns in Apg.2 gibt. Für Paulus sind die Sprachen, auf die er hier anspielt, richtige menschliche Sprachen.

Man muß zugeben, daß die normale Übersetzung dieses Satzes lauten müßte: »Ich spreche (Arten von) Sprachen (oder: in Fremdsprachen) mehr als ihr alle«, oder: *»Ich spreche mehr Sprachen als ihr alle.« Er sagt nicht, daß er in unverständlichen Sprachen redet.* Diese Übersetzung hat den großen Vorteil, daß sie dem Wort »Sprache« seine normale Bedeutung gibt. Paulus selbst definiert diese Gabe als die Gabe, Arten von Sprachen zu reden (Kap.12:10 und 28).

Paulus war tatsächlich vielsprachig und weitgereist. Er hatte gewiß öfter die Gelegenheit, sich in Fremdsprachen auszudrücken, als die Christen, die immer am selben Ort blieben. Sehr wahrscheinlich erlaubte Gott ihm, bei bestimmten Anläßen auf wunderbare Weise in den Sprachen der gegenwärtigen Volksmengen zu reden. Wer aber soweit geht, auf diesem Halbvers die kategorische Behauptung aufzubauen, Paulus habe in seiner persönlichen Andacht ständig unverständliche Sprachen gebraucht, hat eine übertriebene Einbildungskraft. Es steht nicht fest, ob Paulus in diesem Vers an erlernte oder wunderbare Sprachen denkt. Sehr wahrscheinlich hat er beide Formen im Sinn. Sicher ist jedenfalls, daß er ihren Nutzen im wesentlichen in der Evangelisierung der nicht griechisch sprechenden Nationen sah.

Wenn er sich hingegen in Korinth aufhält, wendet er sich in deren griechischer Muttersprache an seine Brüder. Ihren Brief verfaßte er gleichfalls in griechischer Sprache.

VERS 19

»Aber in der Gemeinde will ich (lieber) fünf Worte mit meinem Verstand reden, damit ich auch andere unterweise, als zehntausend Worte in einer Sprache.«

Aber ganz im Gegenteil (oder: dennoch) (*alla* zeigt einen starken Gegensatz an) **in der Versammlung wünsche ich zu sagen** (oder: zu reden, oder: auszusprechen) **fünf Worte mit meinem Verstand, damit ich unterweise auch die anderen** (oder: andere)**, lieber als zehntausend** (oder: unendlich viele) **Worte in einer** (Fremd-)**Sprache.**

Wir haben schon gesagt, daß das Neue Testament kein einziges Mal erwähnt, wo Paulus in unverständlichen Sprachen geredet hätte. Der Vers 19 ist das Gegengewicht zu Vers 18. Man kann diesen Vers unmöglich beiseite schieben, um eine allgemeine Glossolalie zu begünstigen. *»Damit ich andere unterweise«* — dieser Kehrreim des Paulus wird fast eintönig: Die Erbauung der Gemeinde. Inmitten seiner Brüder in Korinth ist für ihn nur eins wichtig: Die Erkenntnis Christi und das Bedürfnis, den ganzen »Ratschluß Gottes« zu lehren. Er hat keine Minute mit Nichtigkeiten zu verlieren. Für ihn sind fünf verständige und vom Heiligen Geist eingegebene Worte *besser* als Tausende von unverständlichen Worten. Ach ja, wie könnte es klarer sein?

Wäre es wahr, daß Paulus sich der Glossolalie mehr als jeder andere bediente, so hätte er es uns mit absoluter Klarheit gesagt. Seine Briefe würden von Unterweisungen und Ermahnungen wimmeln, »in Zungen« zu reden..., wie es für manche heutige Schriften zutrifft. Aber dies ist nicht der Fall.

VERS 20

»Brüder, seid nicht Kinder am Verstand, sondern an der Bosheit seid Unmündige, am Verstand aber seid Erwachsene.«

Brüder, seid nicht ganz kleine Kinder in bezug auf euer Urteilsvermögen (wörtlich: in euren Verständnissen); **dagegen für die Bosheit seid** (wahre) **Babys, aber in bezug auf das Urteilsvermögen** (wörtlich: in den Verständnissen) **werdet erwachsen** (oder: ganze, fertige Menschen).

Was wir über Vers 19 gesagt haben, wird durch Vers 20 kräftig unterstützt. Paulus schimpft streng mit den Glaubenden in Korinth. Er wirft ihnen ihren geistlichen Rückstand im Kindheitsalter vor. Ihr Wunsch, besonders in den Versammlungen in unverständlichen »Sprachen« zu reden, war für Paulus bei weitem kein Zeichen geistlicher Reife. Es war im Gegenteil Kinderei.

Der Verstand Gottes ist unendlich. Es ist das mindeste, ihm unseren kleinen Verstand als Opfer darzubringen, damit er ihn heilige und gebrauche. Wer den Verstand aber verneint, beleidigt den, der ihn gegeben hat.

Für Paulus offenbart dieses Suchen nach einer irrationalen Erfahrung, nach einer unverständlichen Ausdrucksweise, einen Mangel an Reife. Er sieht, daß die Jahre der Verfolgung näher kommen. *Zehn Jahre nach der Abfassung dieses Paulusbriefes begannen die großen Verfolgungen.* Nero verbrannte in Rom die Christen bei lebendigem Leib. Man muß wachsen, sagt Paulus. Man muß *erwachsen* werden. Die Sprachengabe — wenn sie echt ist —, sagt er zu den Korinthern, ist in ihrem wahren Rahmen sehr nützlich, wie in Apg.2. Aber eure Art, sie zu verstehen, beweist eine völlige Abwesenheit von Ausgewogenheit. Ihr seid noch geistliche Babys.[84]

Kapitel 19

1.KORINTHER 14:21 BIS 25

VERSE 21 UND 22

Die Verse 21 und 22 sind untrennbar miteinander verbunden. Sie bilden eine Art Achse, um die sich die ganze Beweisführung des Paulus in diesem Kapitel dreht.

V.21: »Es steht im Gesetz geschrieben: Ich will durch Leute mit fremder Sprache und durch Lippen Fremder zu diesem Volk reden, und auch so werden sie nicht auf mich hören, spricht der Herr.«

V.22: »Daher sind die Sprachen zu einem Zeichen, nicht für die Glaubenden, sondern für die Ungläubigen; die Weissagung aber nicht für die Ungläubigen, sondern für die Glaubenden.«

V.21: **Im Gesetz ist geschrieben, daß durch Menschen sprechend eine fremde Sprache und durch die Lippen anderer** (oder: Fremder) (hebr.: durch die Spottreden der Lippe und durch eine fremde Sprache) **ich reden werde zu diesem Volk und sogar so werden sie nicht hören auf mich, spricht der Herr.**

V.22: **Folglich sind die Sprachen zu einem Zeichen** (d.h.: dienen zum Zeichen) **nicht den Glaubenden, sondern im Gegenteil den Ungläubigen; dagegen die Weissagung** (dient zum Zeichen) **nicht den Ungläubigen, sondern im Gegenteil den Glaubenden.**

WICHTIGE BEMERKUNG ZU VERS 21

Der Vers 21 enthält die einzige Anführung der Bibel (aus dem Alten Testament) in dem ganzen Paulustext über das Sprachenreden. Es handelt sich um eine sehr schwerwiegende Weissagung des Jesaja. Das Studium dieses Verses wirft so weitgehende Fragen auf, daß ich es für nötig hielt, ihm ein ganzes Kapitel zu widmen. Deshalb gehen wir direkt zum Kommentar von Vers 22 und des restlichen Kapitels über, um später auf Vers 21 zurückzukommen.[85]

KOMMENTAR ZU VERS 22

Wie der vorhergehende Vers ist auch dieser Vers von großer Bedeutung.

1.) Paulus gibt uns *keinerlei Beschreibung* der wunderbaren Sprachen, wie Lukas es tut. Deshalb müssen wir uns unumgänglich auf Apg.2 beziehen, um den Sinn zu verstehen, den Paulus den Sprachen gibt.

Paulus gibt uns jedoch in diesem Vers 22 *eine Definition*, die *den Zweck* dieser Sprachen klarstellt. Dieser Text ist also von ausschlaggebender Bedeutung für das Verständnis des Themas. Er ist ein *Schlüssel*, den wir benützen müssen. *»Daher sind die Sprachen«*, sagt Paulus, *»zu einem Zeichen, nicht für die Glaubenden, sondern für die Ungläubigen.«* Ihr Zweck ist es, die zu überzeugen, die noch nicht an Christus glauben. Der Heilige Geist bestätigt somit alles, was wir bisher gesagt haben. Für Paulus zielt die wahre Sprachengabe auf die Unbekehrten ab, *genau wie in Apg.2:1-11.*

An jenem Tag, da die Gemeinde in Jerusalem geboren wurde, erreichten die Sprachen der Jünger die verschiedenen Sprachgruppen *auf der Straße.* Sie hörten von den »großen Dingen Gottes« reden (genaue Übersetzung des Griechischen).

Dieser Vers führt uns dazu, die Unterweisung des Paulus richtig auszulegen. Paulus meint hier Sprachen, die denen nicht unverständlich sind, welche Gott anspricht. Welcher Ungläubige ließe sich schon auf der Straße durch eine unverständliche Rede überzeugen?

Es besteht also, wie wir bereits festgestellt haben, eine vollkommene Übereinstimmung zwischen Lukas und Paulus, zwischen der Apostelgeschichte und dem Brief an die Korinther. Das *biblische* Sprachenreden ist eine logische Ausdrucksweise der Weisheit Gottes. Es entspricht ganz dem Geist der Wahrheit, der uns die Wahrheit und nicht die Vieldeutigkeit, Ordnung und nicht Verwirrung bringt.

2.) Paulus sagt nicht allein, daß die Sprachen für die Unbekehrten gedacht sind. *Er stellt klar, daß sie* ***nicht für die Glaubenden*** *gedacht sind.* Sie brauchen sie nicht. Sie sind schon überzeugt. Gott hat wirksamere Mittel, sie zu erbauen. Die weitverbreitete Meinung, daß Paulus in diesem Kapitel »unverständliche« Sprachen für die Glaubenden meine, *wird durch seine Definition zunichte gemacht.* Paulus sagt: *»**Nicht** für die Glaubenden«.*

Der Geist Gottes gibt uns durch die Schrift gut zu verstehen:

— zuerst, daß er die Sprachengabe nicht jedermann gewährt;[86]
— zweitens, daß er sich lieber durch die Weissagung und die Gaben, die er »die größeren« nennt, ausdrücken will.[87]

3.) Der Schluß von Vers 22 sagt, *daß die Weissagung dagegen ein Zeichen für die Glaubenden ist.* Durch den Mund des wahren Propheten redet Gott unmittelbar zu seinem Volk. Die Botschaft ist verständlich und von durchschlagender Wirkung. Wie der Lehrer kann der Prophet gewiß den Dienst eines Evangelisten tun.[88] Aber seine prophetische Botschaft richtet sich an die Glaubenden.[89]

Vor der Genauigkeit und unbestreitbaren Klarheit dieser Definition des Paulus fällt es schwer zu verstehen, warum so viele Christen unserer Generation sich darauf versteifen, das Gegenteil zu glauben: Daß die Sprachengabe zur Erbauung des Einzelnen oder der Gemeinde oder beider gewährt wird.

Natürlich! Wenn man mit einer fixen Idee an die Bibel herangeht, findet man in ihr, was man will — unter der Bedingung, daß man die Augen schließt über den Stellen, die solche Vorurteile widerlegen. So handeln alle falschen Sekten. Viele Leute erlauben sich diese Art von Sophismus. Wer eine farbige Brille trägt, sieht die ganze Landschaft im falschen Licht.

Es gibt nur einen Weg zur biblischen Wahrheit: Diese Wahrheit mit völlig aufrichtigem Herzen zu suchen. Oder anders gesagt:
— Ohne vorgefaßte Meinungen an die Bibel heranzutreten, um herauszufinden, was Gott wirklich sagt;
— *Alles* in Betracht zu nehmen, was Gott zu dieser Frage in der **ganzen** Bibel sagt;
— Die deutlichsten Stellen als Schlüssel zu benutzen, um die unklareren Stellen zu verstehen.

Danach habe ich in diesem Buch gestrebt. Nun ist die Erklärung des Paulus in diesem Vers 22 von 1.Kor.14 völlig klar. Darüber hinaus stimmt sie mit Apg.2:1-11 vollkommen überein, dem ausführlichsten und klarsten Abschnitt der ganzen Bibel zu dieser Frage.

Jeder Versuch, diese offenkundige Wahrheit zu umgehen, kann nur zur Verwirrung führen.

VERSE 23 BIS 25

V.23: »Wenn nun die ganze Gemeinde zusammenkommt und alle in Sprachen reden, und es kommen Unkundige oder

Ungläubige herein, werden sie nicht sagen, daß ihr von Sinnen seid?«

V.24: »Wenn aber alle weissagen und irgend ein Ungläubiger oder Unkundiger kommt herein, so wird er von allen überführt, von allen beurteilt.«

V.25: »Das Verborgene seines Herzens wird offenbar, und so wird er auf sein Angesicht fallen und wird Gott anbeten und verkündigen, daß Gott wirklich unter euch ist.«

V.23: **Wenn nun die ganze Gemeinde am selben Ort** (oder: alle zusammen) **versammelt ist, und alle reden in Sprachen** (und) **es kommen dagegen ungelehrte Leute oder Ungläubige herein, werden sie nicht sagen, daß ihr verrückt seid?**

V.24: **Wenn aber alle weissagen** (und) **dagegen ein ungläubiger oder ungelehrter** (Mensch) **hereinkommt, wird er durch alle überzeugt, wird er durch alle gerichtet** (erforscht).

V.25: **Die Geheimnisse seines Herzens werden offenbar und so auf sein Angesicht fallend wird er Gott anbeten erklärend, daß Gott wirklich in eurer Mitte ist.**

Die Verse 23 bis 25 heben wieder den Unterschied zwischen der Gabe der Weissagung und der Sprachengabe hervor. In den Zusammenkünften der Gemeinde können die Glaubenden durch die Weissagung einer nach dem andern einander ermahnen. Vergessen wir nicht, daß der Prophet »mit der Bibel in der Hand« redet. Sie gibt seiner Botschaft den geistlich soliden und lebensschaffenden Inhalt.

Wenn ein Ungläubiger einer Zusammenkunft beiwohnt, in der die Prophetie in Übereinstimmung mit dem Gedanken Gottes ausgeübt wird, wird er sofort vom unbestreitbaren Wirken des Geistes Gottes erfaßt. Die Echtheit und Weisheit der Zeugnisse, die Kraft des Wortes Gottes, die ernste und liebevolle Atmosphäre, die in der Versammlung herrscht, und die offenbare Gegenwart Christi beeindrucken den Ungläubigen zutiefst. Er wird Zeuge einer geistlichen *Wirklichkeit*, die ihn schließlich überführt. Das Leben und Wirken einer wirklich geistlichen Gemeinde ist ein Zeugnis, das sich sogar auf die anwesenden Ungläubigen auswirkt. Wenn dagegen einige der Glaubenden, anstatt den Umständen entsprechende, geistliche Gaben auszuüben, sich lieber in völlig unverständlicher Weise ausdrücken, so macht dieses unsinnige Geschehen einen schlechten Eindruck auf die Ungläubigen.

Wenn eine *echte* Geistesgabe in Harmonie mit Gottes Willen ausgeübt wird, ist sie ein mächtiges Zeugnis der Wahrheit Christi. Das richtige Funktionieren eines Körperorgans (z.B. des Auges oder der Hand) verherrlicht seinen Schöpfer. Aber stellen wir uns einen Menschen vor, der sich bemüht, auf den Händen zu gehen oder einen Hammer mit dem Mund festzuhalten. Wir würden mit Recht denken, es ginge ihm nicht ganz gut!

Kapitel 20

1.KORINTHER 14:26 BIS 38

VERSE 26 BIS 33

V.26: »Was ist nun, Brüder? Wenn ihr zusammenkommt, so hat jeder einen Psalm, hat eine Lehre, hat eine Sprache, hat eine Offenbarung, hat eine Auslegung; alles geschehe zur Erbauung.«

Was nun, Brüder? (oder: Wie steht es, Brüder?) **Wenn ihr euch versammelt, jeder** (von euch) **hat er einen Psalm, hat er eine Lehre, hat er eine Offenbarung, hat er eine Sprache, hat er eine Übersetzung? Alles geschehe zur Erbauung.**

V.27: »Wenn nun jemand in einer Sprache redet, (so sei es) zu zwei oder höchstens drei und nacheinander, und einer lege aus.«

Wenn jemand in einer (Fremd-)**Sprache spricht** (so sei es) **zu zweien oder höchstens zu dritt, und** (jeder) **der Reihe nach und einer soll es übersetzen.**

V.28: »Wenn aber kein Ausleger da ist, so schweige er in der Gemeinde, rede aber für sich und für Gott.«

Wenn jedoch kein Übersetzer da ist, so bewahre er Stille in der Gemeinde, er rede im Gegenteil zu sich selber und zu Gott.

V.29: »Propheten aber laßt zwei oder drei reden und die andern laßt urteilen.«

Die Propheten übrigens (sollen) **reden, zwei oder drei und die anderen** (sollen) **urteilen.**

V.30: »Wenn aber einem anderen, der dasitzt, eine Offenbarung (zuteil) wird, so schweige der erste.«

Wenn dagegen (etwas) **geoffenbart wird einem, der dasitzt,** (so) **schweige der erste.**

V.31: »Denn ihr könnt einer nach dem anderen alle weissagen, damit alle lernen und alle getröstet werden.«

Denn ihr könnt alle weissagen, jeder der Reihe nach, damit alle lernen und alle gewarnt (oder: ermahnt) **werden.**

V.32: »Und die Geister der Propheten sind den Propheten untertan.«

Übrigens sind die Geister der Propheten den Propheten untertan.

V.33: »Denn Gott ist nicht (ein Gott) der Unordnung, sondern des Friedens.«

Weil Gott nicht ist (ein Gott) **der Unordnung, sondern des Friedens.**

KOMMENTAR ZU DEN VERSEN 26 BIS 33

In diesem Schlußteil des Kapitels betont Paulus besonders ein Grundprinzip: *Ordnung und Anstand in der Versammlung.* Wir müssen den Vers 26 als eine ausgedehnte *Frage* oder eher als *eine Reihe von Fragen* lesen. Sonst legen wir dem Apostel einen Widersinn in den Mund. Als ob jeder Glaubende alles zugleich tun sollte: »So hat jeder einen Psalm, eine Lehre, eine Offenbarung, eine Sprache, eine Auslegung.« Das ist sicher nicht der Gedanke des Apostels. Der Heilige Geist ist nicht unsinnig!

So lesen wir also:

> »Was ist nun, Brüder? Wenn ihr zusammenkommt, hat dann tatsächlich *jeder* einen Psalm, eine Lehre, eine Offenbarung (d.h. zweifellos: eine Prophetie), eine Sprache, eine Übersetzung?«

Die Antwort auf diese Frage ist natürlich: *Nein.* Es wäre undenkbar, daß jeder Bruder und jede Schwester alle diese Dinge in einer einzigen Versammlung tun würden. Paulus erklärt seinen Gedanken durch das genaue Gebot, das er auf seine Frage folgen läßt:

> *»Alles geschehe zur Erbauung!«*

Die Gabe des Einzelnen hat keinen Wert, wenn sie für persönliche Interessen gebraucht wird. Ihr Wert besteht in ihrer Verwendung für die Erbauung der Gemeinde. Paulus betont, wie notwendig Ordnung ist. Aus diesem Grund soll jeder seine eigenen Triebe aus Anstand und Respekt zu seinen Brüdern einschränken. Er soll sich dem Heiligen Geist unterwerfen. Er sollte einsehen, daß auch sein Bruder eine Botschaft von Gott auszurichten haben kann. Alle müssen zum Wohl aller auf Gott warten können.

Ebenso betont Gott, daß alles nach dem Wort Gottes kontrolliert und geprüft werden soll.

> »Glaubt nicht jedem Geist, sondern *prüft* die Geister, ob sie aus Gott sind; denn viele falsche Propheten sind in die Welt ausgegangen.«[90]

Deshalb muß auch die Botschaft des Propheten dieser gleichen Kontrolle unterworfen werden: »Und die anderen laßt urteilen«, sagt Paulus (oder besser übersetzt: »und die anderen sollen abwägen«) (V.29). Er will, daß sie seine Zuhörer in Beröa nachahmen: Sie »untersuchten täglich *die Schriften*, ob dies sich so verhielte«.[91]

Wenn also die Weissagungen durch das Wort Gottes kontrolliert werden sollen, um wieviel mehr dann die Sprachen!

Was die Sprachen anbetrifft, besteht Paulus auf *eine Übersetzung.* Da ist z.B. ein Bruder aus Bithynien, der von ganzem Herzen der Versammlung den Gedanken mitteilen möchte, den Gott ihm aufs Herz gelegt hat... Gut, sagt Paulus, er soll reden, aber nur wenn jemand von den Anwesenden dazu bereit ist, seine Worte ins Griechische zu übersetzen. Oder da ist ein Bruder aus Galatien, der besser schweigen sollte, weil niemand da ist, der seine Botschaft übersetzen könnte. Es versteht sich von selbst, daß der Gebrauch einer unverständlichen Sprache echter Unsinn ist.

> *»Denn Gott ist nicht ein Gott der Unordnung, sondern des Friedens.«*

Alles, was die Gemeinde nicht erbaut, muß aus ihrem Zeitplan ausgeschlossen werden.

Der Unterschied zwischen dem Wirken des Heiligen Geistes und dem der dämonischen Geister liegt hierin: *Das Wirken des Geistes Gottes ist der Kontrolle durch das Wort Gottes zugänglich.* »Die Geister der Propheten sind den Propheten untertan« (V.32) und »die Frucht des Geistes ist... Selbstbeherrschung« (Gal.5:22). Die Dämonen nehmen keine Rücksicht auf den Willen des Menschen. Der Heilige Geist aber achtet das Bild Gottes, das er geschaffen hat. Der Mensch verliert nichts von seiner Menschenwürde, wenn er sich der Autorität des Geistes Gottes unterwirft. Gott sagt (V.31), daß wir alle gelegentlich weissagen, d.h. unseren Brüdern eine Ermahnung bringen können. *Es ist jedoch festzuhalten, daß er dies nicht für das Reden in Sprachen sagt.*

BEMERKUNG ZU DEN VERSEN 33b, 34 UND 35

In diesem kurzen Abschnitt erlaubt sich der Apostel eine Abschweifung über den Platz der Frau in der Gemeinde. Diese Frage gehört nicht zu dem Thema, das wir untersuchen. Paulus fügt diese Verse aus dem Grund hinzu, weil er die Veranlagung des weiblichen Geschlechts kennt, mit den okkulten Mächten in Verbindung zu stehen. Siehe auch 1.Kor.11:10. Im übrigen wird die Glossolalie meistens von Frauen praktiziert.

VERSE 36 BIS 38

»Oder ist das Wort Gottes von euch ausgegangen? Oder ist es zu euch allein gelangt? Wenn jemand meint, ein Prophet oder geistlich zu sein, so erkenne er, daß das, was ich euch schreibe, ein Gebot des Herrn ist. Wenn aber jemand das nicht erkennt, so wird er auch (von Gott) nicht erkannt.«

V.36: **Ist tatsächlich das Wort Gottes von euch ausgegangen? Oder ist es allein zu euch gelangt?**

V.37: **Wenn jemand glaubt, ein Prophet oder geistlich zu sein, so verstehe er wohl, daß die Dinge, die ich euch schreibe, das** (oder: ein) **Gebot des Herrn** (d.h. des Herrn Jesus) **sind.**

V.38: **Wenn aber jemand** (das) **nicht anerkennt, so ist er nicht** (von Gott) **anerkannt.**

Beim Lesen dieser drei Verse empfinden wir deutlich eine gewisse Ungeduld, einen Tadel, von seiten des Apostels. Der Geist Gottes in ihm ist betrübt und sogar erzürnt über den Hochmut und das Unverständnis dieser fleischlichen Christen, die er »Babys« im Glauben nennt (Kap.3 V.1-3 usw.). Er wirft den Christen in Korinth solchen geistlichen Stolz vor: Sie glauben, die einzigen Inhaber des Wortes Gottes zu sein. Er ist ihrer Sektierer-Haltung müde. Als ob der Ursprung des Evangeliums Korinth sei. Als ob die Gemeinde die einzige sei, die die vollständige Offenbarung empfangen hat (V.36).

Paulus beansprucht für seine Lehre über diese Frage eine Autorität, die direkt vom Herrn kommt.

> »Wenn jemand nicht anerkennen will (oder: nicht anerkennt) (daß diese Lehre ein Gebot des Herrn ist), so ist er selbst nicht anerkannt (das heißt: Seine Autorität wird vom Herrn nicht anerkannt. Er redet nicht durch den Geist des Herrn, sondern durch das Fleisch).«

Das ist meiner Meinung nach der wahre Sinn des Verses 38, den die meisten Übersetzungen nicht ganz verstanden zu haben scheinen.

Kapitel 21

1.KORINTHER 14:39 UND 40

VERSE 39 UND 40

V.39: »Daher, Brüder, eifert danach, zu weissagen und hindert das Reden in Sprachen nicht.«

V.40: »Alles aber geschehe anständig und in Ordnung.«

V.39: **Zusammenfassend, meine Brüder, eifert** (danach) **zu weissagen und hindert nicht das Reden** (fremder) **Sprachen.**

V.40: **Nur, daß alles geschehe mit Anstand und mit Ordnung.**

DIE SCHLUSSFOLGERUNG DES APOSTELS — UND DIE MEINE!

Mit diesen beiden Versen beendet der Apostel seine Lehre über die Geistesgaben und insbesondere über die Sprachengabe. Diese Schlußfolgerung des Paulus ist auch die meine. Sie faßt meine persönliche Einstellung zusammen.

Gott sagt kurzum *zwei Dinge:*

— Das Reden in Sprachen (oder vielmehr: in verschiedenen Sprachen) *soll nicht gehindert werden;*

— *Aber wir sollen nach einer größeren Gabe eifern.* Mit dieser Ausgewogenheit scheint mir der ganze Streit über dieses Thema beendet zu sein.

Warum sagt Paulus »nicht hindern«...?

Paulus verbietet nicht die Sprachengabe, weil er nicht die Autorität Gottes bestreitet. Hat der Geist Gottes nicht das Recht, sich durch den Mund eines Glaubenden in einer fremden Sprache zu äußern, wenn er es für nützlich hält?

Nur hat Paulus uns schon zu verstehen gegeben, was er mit der »Sprache« als Geistesgabe meint. Paulus glaubt, daß es eine Gabe gibt, echte Sprachen zu sprechen. Würde er sonst sagen, man solle sie nicht hindern? Aber für Paulus ist diese Gabe *ein Zeichen nicht für die Glaubenden, sondern für die Ungläubigen.* Für ihn ist sie notwendigerweise von derselben Art wie die in Apg.2 definierte Gabe, deren Bedeutung vollkommen klar ist.

Dennoch sieht der Apostel keinen Nutzen einer Sprachengabe in der Versammlung, selbst wenn die Gabe echt ist. Er schließt deshalb aus, daß sie zur Ermahnung der Gemeindeglieder oder zur persönlichen Erbauung des Sprechenden gebraucht wird. Paulus zeigt in diesem Kapitel die relative Bedeutungslosigkeit der Sprachengabe im Ablauf der brüderlichen Zusammenkünfte auf. Nach all dem Gesagten wäre es erstaunlich, daß er am Schluß zu einer Ausübung ermutigt, die seiner Beweisführung widerspricht.

Seiner Meinung nach *können die Sprachen nicht von Gott kommen, wenn sie nicht dem Zweck dienen, für den Gott sie bestimmt hat.* Wenn der Geist Gottes redet, ist sein Wirken verständig. Er verfolgt ein genaues Ziel, daß niemanden verwirrt und Gott durch konkrete, unleugbare Ergebnisse verherrlicht. In seiner Rede wird die Frucht des Geistes offenbar. Wenn übrigens Paulus in diesem Kapitel 14 zwei verschiedene Arten von Sprachenreden im Auge hätte, würde er es uns deutlich sagen. Sonst könnten wir ihm vorwerfen, uns hinters Licht geführt zu haben. So untersagt Paulus nicht den Gebrauch der Sprachen *unter der Bedingung natürlich, daß es sich um die wahre Gabe handelt.* Wenn Paulus sagt, man solle das Reden in Sprachen nicht hindern, so darum, weil er an *echte* Sprachen denkt, an die verschiedenen Sprachen von 1.Kor.12:10 und 28 und von Apg.2:1-11. Paulus erkennt an, daß es eine echte Gabe gibt. Dies gibt aber keineswegs irgendwelchen Störenfrieden das Recht, in einer Versammlung Verwirrung zu stiften. In einem solchen Fall hat die Gemeinde das Recht, eine Disziplin aufzuerlegen. Denn Paulus sagt: *»Alles aber geschehe anständig und in Ordnung«* (V.40).

Es gibt Größeres!

Wenn Paulus sagt, man solle niemand hindern, in Sprachen zu reden (oder besser übersetzt: Fremdsprachen zu sprechen), *so sagt er jedoch nicht, man solle in Sprachen reden!* Er erlaubt, aber er ermutigt in keiner Weise den Gebrauch dieser Gabe in der Versammlung. *Ich erinnere daran, daß es im Neuen Testament kein einziges Gebot gibt, in Sprachen zu reden.* Also ist die Ermahnung des Paulus *kein Befehl, in Sprachen zu reden* oder nach dieser Gabe zu eifern. *Gott sagt nirgends, man solle nach den kleineren Gaben eifern.* Er be-

hs Unterteilungen, die alle mit dem Wort
n (28:1; 29:2,15; 30:1; 31:1; 33:6). Sein In-
aja dieses Buch um 735 oder 730 vor Chri-
hat, kurz vor der Zerstörung der zehn
reichs Israel. Die Stadt Samaria wurde nach
grausamen Belagerung im Jahre 721 oder
rischen König Sargon II zerstört. Er führte
e freigebliebene Stämme in die Gefangen-

Hoffnung mehr für das Reich Samarien,
e, Buße zu tun. Es blieb ihm nur noch das
s. Zehn Jahre nach der von Paulus ange-
g wurde das Königreich Israel tatsächlich
lk wurde unter die Nationen zerstreut und
mden besetzt, die den Herrn nicht kann-
er Katastrophe ruft Jesaja aus (28:2):
Starken und Mächtigen hat der Herr. Wie
tter, wie ein verheerender Sturmwind...«
der König von Assyrien)
sogar die Priester und die Propheten, die
waren, um Recht zu sprechen. Sie spotte-
haft. Sie taten sie als Kinderei ab und sag-

Erkenntnis lehren?... Denn es ist...Vor-
rschrift...hier ein wenig, da ein wenig!...«
ann durch den Mund des Jesajas auf ihre

ammelnde Lippen und durch eine frem-
ird er zu diesem Volk reden.«[97]
ott »durch eine fremde Sprache« zu die-
n und abgefallenen Volk geredet. Er re-
n die vielsprachigen Armeen des Königs
us allen Volksgruppen seines Reichs re-
ren. Gott redete zu Israel in den unver-
n derer, die sein Land zerstören und seine
hren sollten. *Die Sprachen dieser Weis-*
achen des Feindes. Wie könnte es klarer

danach:
Vort des Herrn für sie wird sein: zaw la
w, kaw la kaw, kaw la kaw, hier ein we-
nig (Man vermutet hinter dieser lautma-
ung eine spöttische Nachahmung von

fiehlt uns, nach *etwas anderem* zu suchen. Wir sollen nach einer besseren, nötigeren Gabe streben. Mit anderen Worten: ***Es gibt Größeres, als in Sprachen zu reden.*** Gott will unseren Blick auf ein brauchbareres, für die Gemeinde nützlicheres Ziel richten.

In der gegenwärtigen Lage der Gemeinde Christi beunruhigt es mich, daß das »Zungenreden« als *vorrangig*, ja sogar als *unentbehrlich* für das geistliche Leben angesehen wird. Eine solche Lehre stammt nicht aus der Bibel.

Paulus stellt am Ende seines Kapitels 12 (V.28) eine Abstufung in der Bedeutung der verschiedenen Geistesgaben fest. Er setzt die Sprachengabe bewußt an den Schluß der Liste, wie auch in Vers 10. Nachdem der Apostel dann unterstreicht, daß alle Glaubenden nicht die gleiche Gabe haben, *befiehlt er:*

> *»Eifert aber um die größeren Gaben«* (12:31).
> *»Eifert aber nach den geistlichen (Gaben), besonders aber, daß ihr weissagt«* (14:1).
> *»Da ihr nach geistlichen Gaben eifert, so strebt danach, daß ihr überströmend seid zur Erbauung der Gemeinde«* (14:12).
> *»Eifert danach, zu weissagen«* (14:39).

Warum sollte man die Ordnung verdrehen, die Gott aufgestellt hat? Der Heilige Geist ist souverän. Er teilt jedem die Gaben aus, *wie er will.*[92] Die *Freiheit* des Geistes untergräbt nicht seine *Autorität*. Diese Freiheit steht immer *im Einklang* mit der Schrift, die er eingegeben hat. Wir sind in Christus frei, nicht um unser Ego möglichst auszubreiten, sondern um den Geschwistern *zu dienen* und die Verlorenen zum Heil in Christus zu führen.

Paulus schließt die Sprachengabe nicht völlig aus der Gemeinde aus, weil er die Herrschaft des Geistes Gottes anerkennt: Er tut, was er will. Paulus kennt den Wert der echten Gabe. Aber man muß zugeben, daß er im Ganzen die Korinther in ihrer Auffassung und Ausübung der Sprachen überhaupt nicht ermutigt.

Christus sagt uns: »So wird Freude im Himmel sein über einen Sünder, der Buße tut, mehr als über neunundneunzig Gerechte, die die Buße nicht nötig haben.«[93] Das Wirken des Heiligen Geistes ist immer auf die Evangelisierung der Nationen ausgerichtet. Er teilt seine Gaben an die Kinder Gottes aus, um dieses Ziel zu erreichen.

Es versteht sich von selbst, daß der Heilige Geist uns in der wirksamsten Weise gebrauchen will. Darum fordert er uns auf, nach den Gaben zu streben, die für das Werk Gottes am nützlichsten sind.

Wir können die Haltung des Paulus so zusammenfassen: *»Ich habe mich allen zum Sklaven gemacht, damit ich immer mehr gewinne.«*[94] Der Herr Jesus hatte dieselbe Einstellung. Er kam auf die Erde, »um zu dienen und sein Leben zu geben als Lösegeld«.[95] Das ist auch die Einstellung des Heiligen Geistes. Wie steht es mit uns?

Zusammenfassung

Das ist der Hauptpunkt, den wir festhalten müssen: Wir haben Größeres zu tun, als danach zu streben, in Sprachen zu reden. Es gibt wichtigere Gaben, die der Gemeinde mehr Nutzen bringen. Nach diesen sollen wir eifern. *Nirgends sagt uns Gott, nach der Sprachengabe zu eifern.* Aber er befiehlt uns mehrmals, nach der Gabe der Weissagung oder nach den größeren Gaben zu eifern.

Ich will meinen Bruder nicht richten, der in wunderbaren Sprachen redet oder zu reden glaubt. Aber was mich betrifft, habe ich anderes zu tun. Ich habe ein viel dringenderes, wichtigeres Ziel vor Augen. Darum will ich mich durch nichts aufhalten lassen. Ich möchte Gott so gut wie möglich dienen in der kurzen Zeit, die er mir auf der Erde gewährt.

Das heute so übertriebene Streben nach der Glossolalie ist eine List des Feindes, »um die Meute von der Fährte abzubringen«. Er will unsere Schau trüben, indem er uns in eine geistliche Sackgasse leitet. Er will, daß wir das Hauptziel Gottes verfehlen.

— *Wir wollen das Ziel so hoch wie möglich stecken.* Wir wollen mit allen Kindern Gottes *Gemeinschaft* haben, außer in den bestimmten Fällen, wo Gott es uns ausdrücklich untersagt.[96] Aber die *Zusammenarbeit* ist nicht möglich mit denen, die »das Pferd am Schweif« in die entgegengesetzte Richtung ziehen wollen.

Ich erinnere mich an eine Geschichte, die mir ein Mann Gottes in Buenos Aires erzählte. Er hatte zwei Gassenjungen gesehen, die einander auf der Straße begegneten. Einer von ihnen besaß eine alte Möhre, die er in einem Mülleimer gefunden hatte. Der Ärmste! Er bot die Hälfte davon seinem Kameraden an, der sie zu seiner großen Verblüffung ablehnte. Dann holte der andere unter seinen Lumpen eine große saftige Orange hervor, die er auch irgendwo gefunden hatte. Er wollte die Möhre nicht, weil er etwas Besseres besaß!

Meine Brüder! Das biblische Ziel ist klar: *Es gibt Besseres als die Sprachen.* Laßt uns den Gipfel anpeilen! Laßt uns danach streben, den völligen Willen Gottes zu verwirklichen!

Jesajas prophetischer Rede. Vielleicht soll sie auch ein Nachplappern des Alphabets darstellen. Die Worte zu übersetzen fällt schwer. Möglicherweise bedeuten sie: Gebot auf Gebot, Meßschnur auf Meßschnur.); *damit sie hingehen und rückwärts stürzen und zerschmettert werden, sich verstricken lassen und gefangen werden«* (V.13).

Gott redet in der Tat im Notfall zu seinem Volk *in Sprachen.* Aber diese Sprachen bringen kein Heilmittel, keine Hoffnung. Sie sind eher das Vorzeichen einer endgültigen Bestrafung durch den Herrn.

Diese Schlußfolgerung wird durch das ernsthafte und vollständige Studium der Kapitel 1 bis 39 des Buches Jesaja mächtig verstärkt. Wenn wir diese Prophetien und den geschichtlichen Bericht der Königsbücher nebeneinander legen[98], wird die Botschaft des Propheten erschreckend klar angesichts der Sünde seiner Generation.

DER HEBRÄISCHE TEXT VON JESAJA 28:11 MIT GENAUER ÜBERSETZUNG

ki b'laghaghei
»denn durch Spottreden (oder: spöttische, unsinnige, lächerliche, irrsinnige Dinge)«...
safah
»der Lippe«...

Anmerkung: Das Wort »Lippe« beinhaltet, besonders im Singular wie hier, einen meist abschätzigen Sinn. Es bedeutet oft »Palaver«, »unnützes Gerede«. Der hebräische Ausdruck »ein Mensch der Lippe« meint einen »Schwätzer«, einen »Palaverer, der in den Wind redet«. Die Verbindung der beiden Worte *laghaghei safah* gibt dem ganzen Satz einen Sinn, der nicht abwertender sein könnte.

ou bhi-laschon ahereth
»und durch eine fremde Sprache«...
y (e)-dabher el-hagham hazeth
»werde ich reden zu diesem Volk«...

Das ist der genaue Sinn des Urtextes. Wer durch ihn die Glossolalie rechtfertigen oder dazu ermutigen will, verdreht seinen Sinn über alle Glaubwürdigkeit hinaus. Für Jesaja kamen die betreffenden Sprachen nicht von Gott, sondern vom Feind.

Der Sinn des hebräischen Textes wird durch die Septuaginta bestätigt

200 Jahre vor Christus fertigten einige Juden eine griechische Übersetzung der Bibel an: Die Septuaginta. Sie übersetzt diesen Abschnitt wie folgt:

...dia phaylismon cheileon, dia glosses heteras...
»durch die Bosheit (oder: Perversion, Schändlichkeit) der Lippen, durch fremde Sprachen«...

Es ist offenkundig, daß selbst in den Augen der Juden die Sprachen, von denen Jesaja redet, zugleich unverständlich und *bösartig* waren.

JESAJA ZITIERT SEINERSEITS DIE WEISSAGUNG MOSES

Paulus sagt: »Es steht *im Gesetz* geschrieben...« und doch zitiert er nicht das Gesetz Moses, sondern den Propheten Jesaja! Wie ist dieser scheinbare Irrtum zu erklären?

Mose fügte eine große Weissagung in sein Gesetz ein.[99] Er sagte voraus, daß Israel, wenn es im Ungehorsam verharrte, durch eine Nation von unverständlicher Sprache überfallen und in die Gefangenschaft geführt werden würde.

> »Der Herr wird von ferne, vom Ende der Erde her, eine Nation über dich bringen. Wie der Adler fliegt (so kommt sie), eine Nation deren Sprache du nicht verstehst, eine Nation mit hartem Gesicht, die für den Alten keine Rücksicht kennt, und für den Jungen keine Gnade« (5.Mo.28:49,50).

Genau das trat ein: Im Jahre 721 v.Chr. zerstörten die Assyrer Samarien. Im Jahre 586 v.Chr. zerstörten die Babylonier Jerusalem. Im Jahre 70 nach Christus zerstörten die Römer Jerusalem und zerstreuten die Juden in alle Länder der Erde.

Mehrere Jahrhunderte später greift Jesaja in seiner Weissagung auf die Voraussage Moses zurück, um sie auf seine eigene Generation anzuwenden. Paulus hat also völlig recht, wenn er die Weissagung Jesajas dem Gesetz Moses zuschreibt.

Jesaja führt nur Mose an, wie Paulus jetzt Jesaja anführt. Es handelt sich um eine einzige Weissagung.

Paulus schreibt die Worte Jesajas entschlossen Mose zu. *So entzieht er ihre Bedeutung jedem Streit*. Daraus folgt, daß Paulus die »unverständlichen Sprachen« von Jesaja 28 als eine Drohung Gottes ansieht. Sie sind ein letztes Vorzeichen seines Strafgerichts über sein ungehorsames und ungläubiges Volk.

Die Botschaft Jesajas

Wie die anderen Propheten verbrachte Jesaja sein Leben damit, die Menschen seiner Zeit zur Buße zu rufen. Gott hatte schon seit langem durch das Gesetz und die Propheten zu seinem Volk Israel geredet. Aber als das Volk nicht nur das Gesetz, sondern auch die Propheten Gottes verworfen hatte, blieb Gott nur eine »Redeweise« übrig, um seine Gerechtigkeit auszudrücken: *Die Bestrafung.*[100] Gott redet zu ihm durch *»das Schwert seines Mundes«.*[101] Weil sein verhärtetes Herz und sein taubes Ohr den Warnungen Gottes gegenüber unempfindlich sind, hört das Volk nur noch eine verworrene Stimme, ein unverständliches Reden. Es wird von der Bestrafung überrascht. Das seit langem angekündigte Gericht kommt unerwartet.

Weder Jesaja noch Jeremia (den ich später ein wenig erläutern werde) vergessen diese sehr bedeutungsvolle Einzelheit der Weissagung Moses: *Die Ankunft des Tages des Gotteszorns wird durch die unverständlichen Sprachen der feindlichen Mächte angekündigt werden.* Für Jesaja, wie für Jeremia und wie auch für Mose sind diese unverständlichen Sprachen die feierliche Warnung Gottes, daß sein Mitleid erschöpft ist. Gewiß, Gott redet noch, aber sein »Wort« wird unfaßbar. Es ist für das blinde und taube Volk unverständlich. Es wird zum unwiderruflichen Zeichen seines Strafgerichts. Die Sprachen der Mächte der Finsternis werden das falsche Zeugnis einer bösen und ehebrecherischen Generation vernichten.

Das ist ein Grund mehr für Paulus, die Sprachen ein »Zeichen für die Ungläubigen« zu nennen. Als Israel das Wort nicht mehr hören wollte, änderte Gott seine Methode und redete durch das Schwert der heidnischen Nationen zu ihm. Statt die klare Rede der Propheten zu benützen, sprach er jetzt durch die Sprachen der Eroberer zum Volk. Hat Gott nicht durch die schreckliche Botschaft Hitlers zur Christenheit »geredet«... wie er sie heute noch durch die Stimmen der Weltmächte warnt, die dem Evangelium feindlich gesinnt sind?

JESAJA 33:19

Im weiteren Verlauf seiner Weissagung spielt Jesaja erneut auf die unverständlichen Sprachen an. Sein Buch enthält auch wunderbare Verheißungen über die Wiederherstellung am Ende der Zeiten, im Reich Christi (32:1-5). Gott verspricht seinem Volk endgültigen Frieden und Sicherheit (33:16-19). Es wird keine feindlichen Invasionen mehr zu befürchten haben (V.18), denn Gott sagt:

> *»Du wirst das freche Volk nicht mehr sehen, das Volk mit dunkler Sprache, die man nicht versteht, mit stammelnder Zunge, ohne Sinn«* (V.19).

Die unverständliche Rede war das Zeichen des Zornes Gottes, war Zeichen für das ungläubige Volk. Sie wird keinen Platz mehr unter denen haben, die von ihren Sünden und ihrem Unglauben erlöst sind.

> »So werden deine Ohren ein Wort hinter dir her hören: Dies ist der Weg, den geht« (30:21)!
> »Deine Augen werden den König schauen in seiner Schönheit« (33:17).

Das Volk war grausamen Invasionen und der Gefangenschaft unterworfen. Die Verheißung, diese unverständliche Sprachen nicht mehr zu hören, war ihm gleichbedeutend mit Friede, Freude und göttlichem Segen.

KOMMENTAR ZU JEREMIA 5:15

Etwa hundert Jahre nach der Weissagung Jesajas stand Jeremia auf und verurteilte den Unglauben und Abfall des kleinen Königreichs Juda. Er sagte eine Invasion durch einen »Verderber der Nationen« voraus (4:6-7).

> »Es ist eine unverwüstliche Nation. Es ist eine Nation von Alters her, eine Nation, deren Sprache du nicht kennst und deren Rede du nicht verstehst. Ihr Köcher ist wie ein offenes Grab. Sie sind alle Helden. Und sie

wird deine Ernte verzehren und dein Brot, sie werden deine Söhne und Töchter verzehren...« (5,15-17).

So wendet Jeremia seinerseits die feierliche Warnung des Gesetzes Moses auf das jüdische Volk seiner Generation an. Er sagt dessen Zerstörung durch die grausamen Armeen der Chaldäer aus Babylon voraus. Für Jeremia, wie für Jesaja, wie für Mose selbst waren die »fremden« oder »barbarischen« Sprachen die Sprachen des Feindes, das Zeichen des Zornes Gottes über sein ungehorsames Volk.

DIE WEISSAGUNG JESU CHRISTI

Die alte Voraussagung Moses wurde wieder aktuell im Munde des Sohnes Gottes, als dieser einmal mehr die Zerstörung Jerusalems ankündigte. Er spricht nicht nur über die Zerstörung im Jahre 70 unseres Zeitalters[102)], sondern auch über die Zerstörung am Ende der Zeiten[103)]. In der Tat zerstörten die römischen Armeen, deren Legionäre unter allen damals bekannten Sprachgruppen rekrutiert wurden, zugleich die Stadt und das Heiligtum Gottes in Jerusalem. Sie führten das Volk in die Gefangenschaft, so daß es bis ins gegenwärtige Jahrhundert in alle Länder der Erde zerstreut war.

Die Weissagung, die Paulus in 1.Kor.14:21 anführt, bestätigt in keiner Weise die zu oberflächlichen Auslegungen, die von unserer Generation verbreitet werden. Wir stehen vor dem Ultimatum Gottes.

EIN ZEICHEN FÜR DAS UNGLÄUBIGE ISRAEL?

Ja, in der Apostelgeschichte wie im Alten Testament sind die Sprachen ein besonders an das Volk Israel gerichtetes Zeichen. Der Geist Gottes äußerte sich bei der Gemeindeentstehung in einer Vielfalt von Sprachen, um so Israel an den Sinn seines Daseins zu erinnern und den Segen Abrahams »für alle Nationen auf Erden« zugänglich zu machen. Zur Zeit der Apostel wollte Israel nicht das Ausmaß der Großzügigkeit Gottes erkennen. Deshalb redete Gott zu ihm in den Sprachen jener ach! so verachteten »anderen« Nationen. Die wunderbaren Sprachen des Pfingsttages waren darum ein Zeichen des Strafgerichts Gottes über den Unglauben seines irdischen Volkes. Dreimal redet der Geist Gottes in der Apostelgeschichte auf diese Weise zu den Juden. Durch diese drei Kundgebungen wollte der Geist Gottes der leiblichen Nachkommenschaft Abrahams zu verstehen geben, daß die frohe Botschaft des Messias für alle Völkern bestimmt war. Statt an diese wunderbare Vision zu glauben, fiel Israel in eine endgültige und eifersüchtige Ablehnung der Gnade Gottes. Es wurde durch die gleichen Sprachen verurteilt, in denen es die Wahrheit des Evangeliums allen Nationen auf Erden hätte mitteilen sollen. Wenig später wurden diese gleichen Sprachen für das abfällige Volk zu einer furchtbaren Wirklichkeit, als die römischen Legionen sein Erbteil zerstörten. So waren die Sprachen ein Zeichen für Israel. Dieses Zeichen führte zu zwei einander völlig entgegengesetzten Ergebnissen:

— Zunächst überzeugte Gott durch dieses Zeichen die dreitausend Ungläubigen, die sich der Predigt des Evangeliums öffneten, und führte sie zum Glauben.

— Dann verurteilte Gott durch dasselbe Zeichen die Ungläubigen in Israel, die sich weigerten, Buße zu tun und in ihrem Unglauben blieben.

WER IST »DIESES VOLK«?

Paulus zitiert Jesaja: »Ich will...durch Lippen Fremder (hebr.: durch die Spottreden der Lippe) zu *diesem Volk* reden«... Es ist klar, daß für Paulus, wie für Mose und Jesaja, »dieses Volk« das abtrünnige Israel ist.

Dennoch kann man in der Situation des Paulus die Bedeutung dieses Ausdrucks nicht auf das jüdische Volk allein begrenzen. Paulus schreibt an die ganze Gemeinde in Korinth, deren Glieder zur Mehrheit Nicht-Juden waren. Außerdem wendet er sich am Anfang seines Briefes an alle, »die an jedem Ort den Namen unseres Herrn Jesus Christus anrufen« (Kap.1 V.2).

Manche denken, daß dieser Ausdruck nur das jüdische Volk bezeichnet. Sie meinen im allgemeinen, Gott habe die Sprachengabe vom Tod der Apostel und der Zerstörung Jerusalems im Jahre 70 an abgeschafft. Weil Israel den Messias endgültig abgelehnt hat, hat Gott »die Akte abgeschlossen«. Er braucht die Sprachengabe nicht mehr zu benützen, weil sie nur Israel betrifft. Da diese Gabe nicht die Gemeinde betrifft, braucht diese sie auch nicht mehr. Die Sprachengabe gibt es also nicht mehr.

Ich finde diese Erklärung jedoch zu einfach: Sie gründet auf eine Vermutung, denn der Text fordert kein so eng begrenztes Verständnis des Jesajazitats durch Paulus.

Der Apostel Paulus erkennt die Existenz dieser Geistesgabe an. Wenn die Sprachen uns nicht mehr betreffen, warum sagt uns der Geist Gottes dann durch die Hand des Paulus, sie nicht zu hindern? Warum lehrt er uns über ihren Gebrauch? Und warum schließt der Apostel zweimal die Sprachen in seine Aufzählung der geistlichen Gaben ein?[104)]

Übrigens behauptet Paulus in diesem Brief an die Korinther, daß die Segnungen und die Gerichte, welche Israel widerfuhren, »als Vorbilder« und »zur Ermahnung von uns« dienen sollen.[105)] Die zitierte Weissagung Jesajas dient auch uns zur Ermahnung, ebenso wie der Gemeinde in der Weltstadt Korinth.

»Dieses Volk« — das sind auch wir

Paulus denkt nicht nur an die Juden. Er denkt ebenfalls an seine christlichen Brüder und an die von ihm gegründeten Gemeinden. In diesem selben Brief[106)] sieht er bereits »die bevorstehenden Not« voraus. Petrus und Paulus wußten beide, daß Israel unter dem Strafgericht Gottes stand. Aber sie erkannten auch, daß dieses Gericht *bei der Gemeinde anfangen* sollte (1.Petr.4:17-18).

In der Tat startete Nero schon im Jahre 64 unserer Zeitrechnung seinen großen Angriff gegen die Christen — wenige Jahre *vor* dem jüdischen Aufstand in Palästina, der die Römer dazu veranlaßte, im Jahre 70 deren nationale Identität zu zerstören. Die Sprachen waren gewiß ein Zeichen für die Generation Israels, die den Messias gekreuzigt hatte. Warum sollten sie nicht auch ein Zeichen für die Gemeinde sein? Heute sehen wir alle Nationen — das abtrünnige Israel mit einbegriffen — fast reif für den großen Tag des Gotteszorns. Um wieviel näher muß da das Gericht der Gemeinde sein!

Eine Weissagung für heute!

Diese Botschaft Gottes ist am Ende des 20.Jahrhunderts für uns genauso aktuell wie zur Zeit Jesajas oder des Paulus. Wenn das Volk Gottes mit seinen Augen nicht mehr sieht, mit seinen Ohren nicht mehr hört und nicht mehr versteht, weil sein Herz gefühllos geworden ist, dann wird ihm das Wort Gottes unbegreiflich, unverständlich. Gott redet »in

Sprachen« zu ihm, durch den Mund seiner Feinde. *Die unverständlichen Sprachen sind folglich das Zeichen des Zornes Gottes, Zeichen für ein ungläubiges Volk. Sie kündigen das Strafgericht Gottes über eine untreue Gemeinde an*, wie sie früher die Strafgerichte Gottes über Israel angekündigt haben.

Es ist zum Erschrecken! Warum hat der Heilige Geist gerade diese Stelle der Schrift gewählt, um das Argument des Apostel Paulus über die Sprachen zu veranschaulichen und zu bekräftigen? Mit dem Jesajatext unterstützt er seine Warnung im vorhergehenden Vers 20, wo Paulus den Glaubenden befiehlt, ihr kindisches Wesen abzulegen, um geistlich erwachsen zu werden.

Die Strenge Gottes[107)]

— Ach was!, wird mir ein braver Christ sagen, Gott ist ein Gott der Gnade. Er bestraft die Gemeinde nicht!

— Haben sie denn jemals die Geschichte der Gemeinde gelesen? Hat Christus nicht durch seinen Knecht Johannes gesagt, er würde den Leuchter von Ephesus von seiner Stelle wegrücken, er werde die falschen Lehrer in Pergamon mit dem Schwert seines Mundes bekämpfen, eine große Trübsal über Thyatira schicken, nach Sardes kommen wie ein Dieb, er werde Laodizea aus seinem Mund ausspeien?

Vom 4. Jahrhundert an begann Gott durch *barbarische Invasionen* zur Christenheit zu reden. Ach, wenn die Gemeinde diese Warnung bloß zu Herzen genommen hätte! Aber im Gegenteil, sie schritt weiter im Irrtum fort. Gott sprach erneut »durch das Schwert seines Mundes« zur Gemeinde. Er ließ es wieder zu, *daß eine Nation harten Angesichts und unverständlicher Sprache* sich auf die Christenheit stürzte: Der Islam. Bewaffnet mit einem Spottbild der Wahrheiten, welche die Gemeinde verloren hatte, fegte er in ein oder zwei Generationen die Hälfte der christlichen Welt hinweg. Von Casablanca bis nach Indien und Zentralasien..., all das war ehemals christliches Land.

Wie? Gott straft nicht? Aber lesen Sie doch die Schriften! Es ist Zeit, daß wir gemeinsam auf die Knie gehen, um die Sünde der ganzen Gemeinde zu bekennen. Wir müssen Gott bitten, uns zu erleuchten, »direkt« in einer wirklich klaren und *verständlichen* Sprache zu uns zu sprechen. Heute wird die Gemeinde Christi von vielerlei Stimmen durcheinander gebracht, die im Namen Christi wahre Lästerungen kundtun. *Gott redet zu seiner Gemeinde durch Spottbilder vergessener Wahrheiten.* Wenige Christen scheinen sich heute jedoch im klaren zu sein, was ihnen geschieht... Der geistliche Verstand vieler ist von Unverständnissen umschleiert, die sie unempfindlich machen für die Warnungen Gottes.

Ist es nicht wahr, daß Gott uns heute warnt?

Die Strafen, mit denen Mose ein abtrünniges Israel bedrohte, werden heute für uns aktuell, wenn wir sie auf das geistliche Leben der Gemeinde beziehen. Lesen wir 5.Mose Kapitel 28:

V.20 — Bestürzung... in allem Geschäft deiner Hand...
V.21 — Die Pest haftet.
V.22 — Das geistliche Leben verdunstet.
V.23 — Das Gebet »dringt nicht durch«.
V.23 — Die Evangelisation führt zu nichts.
V.25 — Die Gemeinde weicht zurück und verliert Boden.
V.28-29 — Ungewißheit in der Lehre, Verwirrung der Gedanken, Ohnmacht gegenüber den satanischen Angriffen.
V.32 — Deine Söhne und Töchter werden durch die Welt in Beschlag genommen, durch fremdartigste Sekten in die Irre geführt.
V.35 — Keine Lust mehr zum Beten!
V.37 — Unser Zeugnis wird nicht mehr ernstgenommen.
V.38 — Viel Aktion, wenig Ergebnisse...

Und unmittelbar nach dieser schrecklichen Liste von Bestrafungen redet Gott von einer furchtbaren Invasion durch eine Nation harten Angesichts und unverständlicher Sprache (Verse 49 + 50 und bis Vers 57).

»Was begehrt dieses Geschlecht ein Zeichen?«...[108]

...und besonders das Zeichen, das Gott den Ungläubigen vorbehält: Das Zeichen der unverständlichen Sprachen?

> *»Hin zur Weisung und zur Offenbarung!«* ruft Jesaja. *»Werden sie nicht nach diesem Worte sprechen, so gibt es für sie keine Morgenröte.«*[109]

Mehrere behaupten, Jesaja oder Paulus lehren, daß das »Zungenreden« ein Segensweg sei, ein »normales« Mittel, durch das Gott sich an sein Volk richtet. Sie verstehen schlecht die ganze Bedeutung des Textes, den wir studieren. Warum betont man so übertrieben ein Reden in unverständlichen Sprachen zu Ungunsten (wie es oft der Fall ist!) einer tiefen Kenntnis des Wortes Gottes? Ich fürchte, daß Gottes Strafgericht nicht mehr fern ist und daß wir — alles um uns herum scheint darauf hinzuweisen — der größten Verfolgung der Geschichte entgegengehen.

Gäbe es nur dieses eine Zeichen, so würde ich es nicht wagen, ihm eine endzeitliche Bedeutung zuzuschreiben. Aber es wird von einer Menge anderer Zeichen begleitet, die von den Weissagungen der Bibel für die Endzeit vorgesehen werden und die sich vor unseren Augen vollziehen. Sollten diese »Sprachen« also eine letzte Warnung Gottes vor der Katastrophe sein?

Eins steht außer Zweifel: Gott warnt uns. Er ruft uns zur Buße. Von Jahr zu Jahr mehren sich die Warnungen. Gott redet wirklich durch den Mund seiner Feinde zu uns. Und wenn ich von allen Seiten ein babylonisches Wirrwarr einander widersprechender und oft unverständlicher Stimmen sogar in der Gemeinde höre — wie sollte ich darin nicht ein Zeichen des Strafgerichtes Gottes über sein Volk sehen, das seinen Logos, sein wahrhaftiges *Wort* nicht mehr ernstnehmen will?

Oft hat man mir gesagt, die Welle der zeitgenössischen Glossolalie sei das Zeichen einer großen geistlichen Erweckung! Oh, wenn ich einer so einfachen Erklärung glauben könnte...! Aber ein anderer Lärm dringt an mein Ohr. Ein lärmendes Geschrei der Nationen, die immer mehr die Botschaft des Evangeliums verwerfen. Ein heftiger Schrei, der zum Himmel aufsteigt. Der moderige Geruch einer fast weltweiten Unsittlichkeit. Ein arroganter Atheismus vermischt mit dem Weihrauch allerlei okkulter Unanständigkeiten. Es gibt noch schlimmeres! Sogenannte Bibelchristen, die überhaupt nichts Böses dabei finden, in voller Gemeinschaft mit denen zu stehen, die die Grundwahrheiten des Wortes Gottes bestreiten.

Unter den sieben Gemeinden, denen der Herr seine letzte Botschaft sandte, sind nur zwei, denen er keinen Tadel erteilt: Smyrna, die verfolgte Gemeinde, und Philadelphia, die Gemeinde der Bruderliebe, die bereit ist, die offene Tür der Weltevangelisation zu durchschreiten. Möge Gott uns unter ihnen finden!

»Doch auch jetzt, spricht der Herr, kehrt um zu mir mit eurem ganzen Herzen und mit Fasten und mit Weinen und mit Klagen! Und zerreißt euer Herz und nicht eure Kleider und kehrt um zum Herrn, eurem Gott. Denn er ist gnädig und barmherzig... Wer weiß, (vielleicht) wird er umkehren und es sich gereuen lassen und Segen hinter sich zurücklassen...«[110]

O Volk Gottes, wach auf!

»Ich rufe heute den Himmel und die Erde als Zeugen gegen euch auf: das Leben und den Tod habe ich euch vorgelegt, den Segen und den Fluch. So wähle das Leben, damit du lebst, du und deine Nachkommen, indem du den Herrn, deinen Gott liebst und seiner Stimme gehorchst und ihm anhängst! Denn das ist das Leben und die Dauer deiner Tage...«[111]

Gebet

O Gott, rede zu uns mit klarer Stimme. »In meinem Herzen habe ich dein Wort verwahrt, damit ich nicht gegen dich sündige.« »Ich suche dich von ganzem Herzen.«[112]

ZWEITER TEIL
BETRACHTUNGEN

Kapitel 23

GIBT ES HEUTE EINE WAHRE SPRACHENGABE?

Wir haben in diesem Buch alle Bibeltexte untersucht, die sich auf die wunderbaren Sprachen beziehen. Diese Studie führt uns zu sehr genauen Schlußfolgerungen. Meiner Ansicht nach ist es unmöglich — zumindest wenn wir die Frage mit ehrlichem Herzen angehen —, diese Texte zugunsten einer allgemeinen Glossolalie zu verdrehen.

Wie läßt sich heute das Fehlen der wahren Sprachengabe erklären?

Ich glaube, daß es für das Neue Testament eine wahre Sprachengabe gibt (wie sie in Apg.2 erscheint). Paulus lehrt, sie nicht zu hindern. Wie ist es dann zu erklären, daß diese Gabe heute so wenig beobachtet wird? Das kommt einem eigenartig vor, zumal die Schrift dieses Fehlen nicht erklärt.

Wäre unser Unglaube der Grund?

Das ist möglich. Und doch hat es in der Gemeinde nicht an Glaubensmenschen gefehlt. Die Berichte über die Heldentaten der großen Missionare, der Reformatoren, der großen Evangelisten geben Zeugnis davon. Sie waren in nichts den Korinther Christen zur Zeit des Paulus unterlegen! Dennoch haben die meisten dieser großen Gottesmenschen niemals in wunderbaren Sprachen geredet. Selbst wenn viele unter ihnen äußerst schwierige Fremdsprachen so gut beherrschten, daß sie die Bibel in diese Sprachen übersetzen und ganze Bevölkerungsgruppen evangelisieren konnten. Nein! Das Fehlen der Sprachengabe im Laufe der Jahrhunderte liegt nicht nur — man könnte sogar sagen: überhaupt nicht — am Unglauben der Gemeinde.

Sollte Gott diese Gabe zurückgezogen haben?

Laßt uns ehrlich sein: Wir finden fast kein echtes Sprachenreden mehr wie in Apg.2. Das bedeutet nicht unbedingt, daß Gott diese Gabe *abgeschafft* hätte. Ich kenne keine Bibelstelle, die behauptet, Gott habe sie weggenommen. Wenn das der Fall wäre, warum sagt er uns dann, wir sollen sie nicht hindern? (Siehe meinen Kommentar zu 1.Kor.13:8 auf Seite 111-114 der französischen ungekürzten Originalfassung und in Kapitel 9 dieser gekürzten Ausgabe.)

Dieses Fehlen ist nicht das einzige Rätsel unserer Zeit

Wenn man die Frage stellt: »Warum sind die wunderbaren Sprachen so selten?«, *so können wir uns ebensogut fragen: »Warum erweckt der Geist Gottes keine Toten mehr in unserer Mitte?«* Christus hat seiner Gemeinde die Macht gegeben, das eine und das andere zu tun.

Dennoch scheinen sogar zur Zeit der Apostel die Auferweckungen wie auch die wahre Gabe, »Arten von Sprachen zu sprechen«, selten gewesen zu sein. Warum haben die Apostel z.B. ihren Bruder Jakobus nicht auferweckt, den Herodes enthauptet hatte, und Stephanus, der in der Blüte des Lebens gesteinigt worden war?[113] War das ihrerseits Unglaube oder geistliche Ohnmacht? Keineswegs! Die Apostel glaubten, daß durch ihren Tod oder sogar durch ihre Gebrechen Gott manchmal besser verherrlicht werden konnte, als durch ein überraschendes körperliches Wunder.[114]

Das Neue Testament sagt nirgends, daß Gott seinem Volk die Möglichkeit entzogen habe, Tote aufzuerwecken. Dennoch ist es klar, daß die Auferweckung eines Toten (ich meine eine echte Auferweckung und keine bloße Wiederbelebung) ein seltenes Ereignis ist. So ist das wahre Sprachenreden im Sinne von Apg.2 unleugbar auch sehr selten. Der Geist Gottes kann, wenn er will, heute tun, was er vor 2000 Jahren getan hat. Und doch muß man zugeben, daß wir ihn nicht sehr oft eines der erwähnten Wunder tun sehen.

Laßt uns einfach ehrlich sein!

Es ist nicht leicht, für diesen offenkundigen Mangel eine befriedigende Erklärung zu finden. Wäre es nicht richtiger, ganz ehrlich zu sagen: *Den genauen Grund dafür kennen wir nicht?* Die Wege Gottes sind unerforschlich. Er erklärt sein Verhalten nicht immer. Er verlangt, daß wir ihm vertrauen. Letzten Endes können wir nur demütig auf ihn hoffen. Gott beantwortet nicht alle unsere Fragen.

Wichtig ist, daß die Nationen evangelisiert und die Seelen gerettet werden. In der Zwischenzeit ermöglichen uns die modernen Mittel, das Evangelium in über 5000 Sprachen und Dialekte zu verkündigen, die manchmal nur gesprochen werden. Das Zeugnis Gottes wird also fortschreitend bis an die Enden der Erde verbreitet, wie es seinem größten Wunsch entspricht. Wenn wir außerdem die Ausübung dieser Gabe als »für uns unerläßlich« betrachten, so wäre dies nicht deshalb, weil wir glauben, Gott tue Wunder »zum Vergnügen«, als Selbstzweck. Gott ist bereit, Wunder zu tun, wenn er es für nötig hält. Aber die Gemeinde kann nicht von Wundern leben, sondern nur von Christus allein. Sie »wandelt im Glauben und nicht im Schauen«. Sie muß sich disziplinieren und alle ihre Mittel und Kräfte dafür widmen und opfern, den Willen ihres Herrn zu erfüllen: Die Frohe Botschaft jedem Menschen zugänglich zu machen.

Drei bemerkenswerte Fakten über die Juden

1.) *Die wahren körperlichen Wunder* (die man nicht unbedingt mit »Machttaten« gleichsetzen muß[115)]) *scheinen in besonderer Weise an die Judenfrage in der Verwaltung Gottes gebunden zu sein.* Israel ist das irdische Volk Gottes. Das ist ohne Zweifel der Grund vieler göttlicher Eingriffe im *körperlichen* Bereich im Laufe seiner Geschichte.

2.) *Die Apostel* Jesu, wie er selbst auch, *waren alle Juden. Wir lesen nirgends im Neuen Testament, daß wirkliche Wunder durch bekehrte Heiden bewirkt worden sind.*

Ich bin weit davon entfernt zu sagen, daß wir Christen keinerlei Hoffnung haben, Wunder zu vollbringen! Allein die Lebensberichte der großen Missionare aller Jahrhunderte erinnern uns daran, daß Gott manchmal in einer Weise zu ihren Gunsten eingeschritten ist, die man nur als wunderbar bewerten kann.

Die Berufung der Gemeinde (im Gegensatz zur Berufung Israels) ist dagegen eher geistlich. Die göttlichen Eingriffe zu ihren Gunsten vollziehen sich *vor allem im geistlichen Bereich.* Die Wiedergeburt ist offenkundig der mächtigste dieser Eingriffe. Das bedeutet nicht, daß die Gemeinde nicht auch körperliche Eingriffe Gottes erfährt. Aber Gott legt, was uns angeht, einen besonderen Ton auf das Geistliche.

Die Wiedergeburt ist faktisch das größte aller Wunder. Sie ist größer als eine leibliche Auferweckung, denn sie fügt den Menschen in den ewigen Plan Gottes ein. Sie überschreitet die Grenzen des gegenwärtigen Universums. Eine leibliche Auferweckung verlängert das irdische Dasein der Person nur für kurze Zeit.

Israel ist ein *irdisches* Volk. Das schließt aber natürlich nicht die Eingriffe Gottes im *geistlichen* Bereich zu seinen Gunsten aus. Wenn Gott Israel körperliche Wunder gewährte, wollte er es dadurch den *geistlichen* Sinn dieser Dinge lehren. Am Tag, da Israel sich seinem Messias zuwenden wird, wird Gott durch die Wiedergeburt des ganzen Volkes (oder vielmehr seiner Überreste nach der Katastrophe der Endzeit) einschreiten. Dann aber — alle Propheten des Alten Testaments sagen es voraus — wird Israel eine neue Reihe *körperlicher* Wunder erleben. Die Schriften sind reich an Einzelheiten zu diesem Thema.[116] Gott wartet auf die Buße und Bekehrung der körperlichen Nachkommen Abrahams, um in die Menschheitsgeschichte dieses neue Element seiner Offenbarung einzuführen, das sogar *die Erde* betreffen wird: Er wird die verkümmerte Natur erneuern und die Wüste zum Blühen bringen.

Wenn ich daran denke, wie Petrus in Apg.2 die Weissagung Joels[117] gebraucht, halte ich es für wahrscheinlich, daß auch die wunderbaren Sprachen sich in neuer Art und Weise an dem Tag der Rückkehr Christi ereignen werden. Dieses alte Volk wird dann zu einer neuen Quelle des Segens *»für alle Nationen der Erde«* werden, wie Gott es Abraham versprach. Unter der Eingebung des Geistes Gottes wird bei der Wiederkunft Christi die ganze Nation mit Seinem Wort alle Enden der Erde erreichen. »Denn *die Erde* wird davon erfüllt sein, die Herrlichkeit des Herrn zu erkennen, wie die Wasser den Meeresgrund bedecken.«[118] Die Weissagung Joels wird sich in weit größerem Maß erfüllen und die ganze Erde wird ihre nachhaltige Wirkung verspüren.

3.) In den drei Fällen von wunderbaren Sprachen in der Apostelgeschichte (Kap.2, 10 und 19) waren *Juden* anwesend. Daraus können wir schließen, daß die Sprachen für das jüdische Volk eine besondere Bedeutung hatten. Gott wollte Israel zu verstehen geben, daß das Evangelium für *alle* Nationalitäten und nicht nur für das jüdische Volk bestimmt war. Er wollte sie von der Universalität des Evangeliums überzeugen.

Vom Jahre 70 unserer Zeitrechnung an wurde Jerusalem zerstört und das jüdische Volk unter alle Nationen der Erde zerstreut. Seitdem steht Israel *als Nation* (trotz der wenigen Einzelnen, die an Jesus Christus glauben) unter dem Strafgericht Gottes. Es ist im Ungehorsam eingeschlossen, bis es bei der Wiederkunft Jesu Christi Buße tun wird. Wenn also die Sprachen ein besonders für das jüdische Volk bestimmtes Zeichen sind, brauchen wir uns nicht zu wundern, daß dieses Zeichen in unseren Tagen selten ist. Ich verstehe, daß es eine besondere Bedeutung für die Judenfrage besitzt.[119]

Wir brauchen eine Bestätigung

Einige möchten noch bestreiten und sagen, daß das Sprachenreden heute weit verbreitet ist. Aber wir können uns nur auf das Wort Gottes beziehen, und besonders auf den entscheidenden Text in Apg.2. *Das Wort Gottes ist selber unser einziger Maßstab zu seiner Auslegung.* Deshalb komme ich zu folgendem Schluß: Die einzig wahre Gabe, »Arten von Sprachen zu sprechen« (um den genauen Ausdruck des Paulus in 1.Kor.12:20 und 28 zu verwenden), ist die Gabe, welche Lukas in Apg.2 beschreibt, und welche Paulus als ein Zeichen für die Ungläubigen definiert.

Da wird es klar, daß das, was man gegenwärtig »Glossolalie« nennt, dem Modell des Neuen Testamentes nicht entspricht. Wo sind heute die echten Sprachen, die von der Menge auf der Straße gesprochen werden? Wo sind z.B. die Sprachen der Araber oder der Chinesen, die das Evangelium auf wunderbare Weise in ihrer eigenen Sprache hören und die diese Worte derart *verstehen*, daß sie überzeugt werden wie die Dreitausend in Apg.2?

Wir sehen jedoch, daß trotz dieses offensichtlichen Mangels der Geist Gottes arbeitet, daß Seelen sich bekehren und daß das Neue Testament in immer mehr Sprachen übersetzt wird. Unserem Jahrhundert fehlt es auch nicht an Märtyrern.

Es kommt von Zeit zu Zeit vor, daß man mir Fälle wahrhaftiger übernatürlicher Sprachen berichtet, wo ein Fremder die Botschaft in seiner Muttersprache hört *und daraufhin Christus annimmt*. Solche Zeugnisse interessieren mich. Aber wie schwer ist es, diese Behauptungen zu überprüfen. Es heißt fast immer: »Ich habe gehört... Man hat mir gesagt... Es scheint, daß...« Man erhält nur schwer *überprüfbare* Einzelheiten. Um die Echtheit eines solchen Falles festzustellen, müssen wir zum Beispiel wissen:

— Wo hat sich das zugetragen?
— An welchem Datum?
— Wer hat gesprochen?
— In welcher Sprache?
— Was hat er wörtlich gesagt?
— Wo kann man die Personen erreichen, die daraufhin Christus angenommen haben?
— Wo sind die *direkten* Zeugen?

Auf alle diese Fragen antwortet der Fall in Apg.2 in befriedigender Weise.

Niemand ist gezwungen, an eine Behauptung zu glauben, wenn sie nicht eindeutig bewiesen ist. Fanatismus glaubt freilich alles. Aber der biblische Glaube fordert ein solides Fundament. Und die Bibel sagt uns, daß eine Tatsache nur auf die Aussage von *zwei oder drei Zeugen* gegründet werden kann[120] — und das natürlich ohne vorherige Absprache.

Ein interessanter Fall

Hier folgt ein Bericht, den ich für echt halte. Er wurde mir von einem Christen übermittelt, einem langjährigen Freund, zu dem ich sehr großes Vertrauen habe.

»An einem Sonntagnachmittag im Jahr 1960 begegnete ein gewisser Alfred Hathaway in Bristol (England) einigen Christen, die im Park 'The Downs' in der Nähe des Wasserturms das Evangelium verkündigten. Er gesellte sich zu ihnen und fing an, in einer fremden Sprache zu reden. Da geschah es, daß ein früherer Chinamissionar, ein wohlbekannter Dr. Gordon, herzutrat und sich wunderte, eine Evangelisationsbotschaft in perfektem Chinesisch zu hören. Mr.Hathaway antwortete, er wisse absolut nicht, in welcher Sprache er sich geäußert habe. Nun lag in jener Woche im Hafen von Bristol ein chinesisches Schiff. Einer der Matrosen ging genau an dem Ort und zu der Zeit spazieren, als Mr. Hathaway predigte. Verblüfft hörte er das Evangelium in seiner eigenen Sprache. Er wurde überzeugt und glaubte an Christus. Alfred Hathaway war ein Mann ohne Bildung, aber völlig dem Willen Gottes untergeben.«

Bemerkung des Autors

Da keine genügenden Beweise vorhanden sind, kann ich von niemand verlangen, an die Wahrhaftigkeit dieses Berichtes zu glauben — selbst wenn ich persönlich keinen Grund sehe, daran zu zweifeln. Obwohl die beiden Hauptzeugen verstorben sind, ist mein Freund Mr. Cox, der mir diese Fakten erzählte und der Alfred Hathaway gut kannte, im Augenblick, wo ich diese Zeilen niederschreibe, noch am Leben. Er hat mir die erwähnten Fakten schriftlich bestätigt. Es ist nicht das einzige Zeugnis dieser Art, das ich kenne. Ich wäre glücklich, noch andere kennenzulernen. Der Geist Gottes ist so mächtig wie je zuvor, um Christus der Welt bekanntzumachen..., wenn er den Menschen findet, den er gebrauchen kann.

Kapitel 24

FLEISCHLICHE SPRACHEN IN DER GEMEINDE?

Einige Unterschiede zwischen der modernen Glossolalie und den Sprachen in Apg.2

Wir müssen die Bibel im Licht der klarsten Stellen auslegen. Nach Apg.2 besteht die Sprachengabe darin, auf wunderbare Weise eine echte menschliche Sprache zu sprechen. Sie wird von den Ungläubigen verstanden, welche der Geist Gottes mit der Botschaft des Evangeliums erreichen will. Wenn wir das neutestamentliche Verständnis der Sprachengabe mit der Auffassung unserer Generation vergleichen, so springt uns der Unterschied ins Auge.[121]

1. — Für die Mehrzahl der Anhänger der Glossolalie handelt es sich um eine *wirklich unverständliche* Redeweise.

— In Apg.2 hingegen sind die Sprachen der Menschen gemeint, an die sie sich richteten und die sie verstanden.

2. — Die zeitgenössische Glossolalie findet praktisch nie im Augenblick der Wiedergeburt statt, sondern im Gegenteil als Folge einer *späteren* Erfahrung oder während einer Zusammenkunft der Gemeinde oder einer persönlichen Andacht.

— In Apg.2 jedoch (wie in Apg.10 und 19) ereignen sich die Sprachen *im Augenblick der Wiedergeburt.*[122]

3. — In der Mehrzahl der Fälle, wenn nicht in allen, ist die Glossolalie *nicht überprüfbar;*

— *während in Apg.2 die göttliche Echtheit der wunderbaren Sprachen durch ein unbestreitbares Zeugnis bestätigt wird.*

4. — *Die übertriebene Bedeutung,* die die Glossolalie in den Augen unserer Generation gewonnen hat, entspricht durchaus nicht der sehr zweitrangigen Stellung, die das Neue Testament der Sprachengabe einräumt;

— während Gott klar anordnet, nach den größeren Gaben (1.Kor. 12:31; 14:1,5,12,39) und besonders nach der Weissagung *anstatt nach den Sprachen* zu streben. Außerdem enthält die Bibel kein einziges Gebot, in Sprachen zu reden.

5. — Meistens wird die Glossolalie für alle zur Pflicht gemacht;

— *während Gott kategorisch sagt, daß wir verschiedene Gaben haben* (Röm.12:4-6) *und daß nicht alle in Sprachen reden* (1.Kor.12:30).

6. — Die Glossolalie wird allgemein als *eine Art »Leiter«* angesehen, mit der ein höheres Niveau geistlichen Lebens erklommen werden kann;

— während das Neue Testament jede geistliche Gabe ganz im Gegenteil als *ein Überströmen* der Fülle des Geistes darstellt, als das Austeilen einer *bereits erhaltenen* Gnade.

7. — Die übliche Meinung, die Glossolalie diene der Erbauung des Redenden *steht im Widerspruch* zur biblischen Auffassung;

— denn Gott sagt durch Paulus (Röm.12 und 1.Kor.12) und durch Petrus (1.Petr.4), daß die Gaben *zum allgemeinen Nutzen* gewährt werden. Für Lukas in Apg.2, wie für Paulus in 1.Kor.14:22, dient die wahre Sprachengabe dazu, daß *die Ungläubigen* durch das Evangelium erreicht werden.

8. — Viele betrachten heute die Glossolalie als *eine Art geistliches »Diplom«*, das zu einem geistlichen Vorrecht Zugang gibt;

— während die Sprachengabe, wie jede andere Gabe, *zum Wohl des Nächsten* gewährt wird und in *der Selbsthingabe* besteht, um der verlorenen Welt die Gnade Gottes mitzuteilen.

9. — Die Glossolalie erscheint als eine *irrationale* Erfahrung und sogar als eine Mystifikation;

— während die Sprachen in Apg.2 wohl wunderbar, aber doch vollkommen rational sind. Ihr Zweck ist offenbar und logisch.

10. — *Die Glossolalie wird gewöhnlich als ein unvermeidliches* (oder fast unvermeidliches) *Zeichen der Geistestaufe angesehen;*

— während die Heilige Schrift *niemals* die Geistestaufe und das Sprachenreden miteinander verbindet.[123)]

11. — *Die Lehre von der Glossolalie ist sehr verworren.* Ich habe noch nie ein Buch über die gegenwärtige Auffassung von der Glossolalie gesehen, das auf einer brauchbaren Exegese des biblischen Textes gegründet war;

— während der Bericht von Apg.2 *nicht die geringste Zweideutigkeit aufweist.*

12. — Die Glossolalie hat zahlreiche *Streitigkeiten* und *Spaltungen* unter Christen hervorgerufen;

— während die Urgemeinde in Jerusalem durch die Ereignisse des Pfingsttages völlig *vereint* wurde.

13. — Es gibt keine biblische Rechtfertigung für die moderne Auffassung von der Glossolalie. Es sei denn, man versucht, eine Lehre auf *einige* aus ihrem Zusammenhang gerissene *Halbverse* aus 1.Kor.14 oder auf ein schlechtes Verständnis von Apg.2 zu gründen;

— während dieselbe Erscheinung *den okkulten Kreisen* des heidnischen Altertums *wohlbekannt war*, wie es heute noch in ähnlichen Kreisen der Fall ist.

»Sprachen« menschlichen Ursprungs?

Einigen Menschen gelingt es ohne Schwierigkeiten, eine unverständliche »Rede», eine »erfundene»Sprache auszusprechen, während andere dazu unfähig scheinen. Es ist mir selbst ohne das geringste Problem gelungen, so oft ich wollte, auf diese Weise zu »reden». Ich denke, daß dieses Reden vom Menschen selbst stammt, oder wenn man will, aus seinem Unterbewußtsein. In vielen Fällen handelt es sich heute bei denen, die »in Zungen« reden, tatsächlich um einen Vorgang dieser Art.

Während einer durch das Europäische Bibelinstitut 1974 organisierten Vortragsreihe behauptete Dr. Basil Jackman, er habe vor seiner Bekehrung als Psychiater durch Hypnose nichtchristliche Personen zum »Zungenreden« gebracht.[124] Natürlich ist die Glossolalie an sich (wenn sie nicht aus einer dämonischen Quelle stammt) weder gut noch schlecht. Zu allen Zeiten versuchten Glaubende, ihren Glauben durch eine schöpferische Tätigkeit auszudrücken, wie z.B. Musik, Malerei oder Baukunst. Ich verstehe auch, daß manche Glaubende ihren Glauben durch eine unverständliche »Redeweise« äußern möchten. Es gibt jedoch einen grundlegenden Unterschied zwischen beiden Auffassungen: Während der Sinn der Musik, der Malerei und der Baukunst für jeden sensiblen Geist offenbar ist, hat die Glossolalie keinen offensichtlichen Sinn. Eine wahre Sprache besitzt dagegen einen großen Vorteil gegenüber der Malerei und der Musik: Sie ist *artikuliert*. Ihrem Wesen nach ist eine Sprache ohne Sinn ein Unsinn. Warum versucht man den Gedanken des Heiligen Geistes, der der Logos in Person ist, auf unverständliche Weise zum Ausdruck zu bringen?

Es wäre leicht, einen Vergleich zwischen der Glossolalie und der Liturgie oder dem Gebet *auf Latein* in der traditionellen Kirche zu ziehen. Durch diese für Laien unverständliche Sprache mußten zahllose, aufrichtige Seelen Jahrhunderte lang Gott anbeten, ohne zu verstehen, was sie sagten. Ich denke, daß Gott den Schrei derer, die wirklich sein Angesicht suchten, nicht verachtete, wenn auch ihr Gebet schlecht ausgedrückt wurde. Denn Gott antwortet jedem auf seinen noch so schwachen Glauben unter der Bedingung, daß dieser Glaube auf Christus gegründet ist. Das Gebet mag grammatikalisch richtig sein oder das Lallen eines »Babys in Christus«. In Gottes Augen zählt vor allem der Zustand des *Herzens*, das Maß des *Glaubens*. Trotzdem bin ich sicher, daß Gott von Erwachsenen kein kindisches »Lallen« hören will!

Liebe angelsächsische Glaubende ziehen heute noch die altenglische Sprache des 16. Jhr. der modernen Sprache vor, wenn sie beten und die Bibel lesen. Die junge Generation ist von diesem Vokabular höchst verblüfft. Diese Rede ist sogar manchmal unverständlich. Aber für ihre Eltern und Großeltern ist sie durch Jahrhunderte christlichen Gebrauchs »geheiligt«.

Ich kenne auch junge Engländer, die einen amerikanischen Akzent angenommen haben — oder umgekehrt — , weil sie das Heil oder eine geistliche Erneuerung durch die Vermittlung von Christen aus Nordamerika empfangen haben. Ich habe sogar Franzosen gehört, die mit einer sonderbaren Aussprache beteten: Der Mann, der sie zum Glauben geführt hatte, war Ausländer!

So zweifle ich auch nicht, daß für viele, die sich heute in »unverständlichen Sprachen« äußern, der Vorgang eng mit dem Hintergrund ihrer Bekehrung und ihrer geistlichen Erziehung verknüpft ist. Sie haben eine besondere Ausdrucksweise empfangen, die ihnen nun als heilig gilt. Jeder gibt ihr den Sinn, der ihm gefällt. In seiner Gnade segnet uns Gott — glücklicherweise! — trotz viel Unvollkommenheit und Unsinnigkeit.

Gott schaut auf unser Herz. Er antwortet nach seiner Barmherzigkeit und seiner Gnade. Er segnet da, wo er den Glauben an Christus findet. Die Barmherzigkeit Gottes befreit uns aber nicht von unserer Verpflichtung, ständig nach der Vollkommenheit zu streben. Er wird den unendlich segnen, der um jeden Preis seinen Gedanken zu erkennen sucht, wie Gott ihn in seinem Wort offenbart. Wenn wir das Licht zurückweisen, das er uns anbietet, geraten wir ins Stocken und der

Geist zieht seinen Segen zurück. Das gilt für den Einzelnen, für ganze Gemeinden und sogar für geistliche Bewegungen.

Unser westliches Christentum hat keine Ausrede mehr, denn die Bibel ist in unsere Umgangssprachen übersetzt worden. Wir besitzen die vollständige Offenbarung des göttlichen *Logos*. Wir haben keinen Grund, zur mittelalterlichen Vorstellung eines unverständlichen Gebets zurückzukehren. Der Gott der Bibel ist ganz Licht. Sein *Logos* ist der Verstand in Person. Sollte Gott wirklich wollen, daß sein Kind betet, ohne zu wissen, was es sagt? Gott segnet, das ist wahr! Aber es ist ebenso wahr, daß Gott sein Volk richtet. Die Lehrmeinungen unseres Christentums enthalten äußerst beunruhigende Elemente. Wir, die wir den Herrn und sein Wort lieben, sollten die Lage meistern, *solange es Tag ist*.

Warum segnet Gott, was nicht biblisch ist?

Darauf antworte ich: Ich weiß es nicht! Gott segnet vieles, was wir nicht segnen möchten. Aber damit seine Barmherzigkeit eingreifen kann, mußte das Blut seines Sohnes am Kreuz fließen! Gott verfügt hier auf Erden nur über *unvollkommene* Mittel. Er verherrlicht sich in der Schwachheit.

Im 17.Jhr. segnete Gott wunderbar John Bunyan, der bekennende Erwachsene durch Untertauchen zu taufen pflegte. Sein Buch »Die Pilgerreise« hat unzählige Seelen zu Christus geführt. Im 18.Jhr. segnete Gott jedoch auch John Wesley, der die Kindertaufe nach dem anglikanischen Ritus praktizierte. Durch seine Predigt vom Heil in Christus revolutionierte er England für Gott.

Gott ist größer als wir. Er sieht das Herz des Menschen an. Gott segnet heute einige Glaubensmenschen, die die Glossolalie ausüben, und er segnet andere, die sich ihr sogar mit Kraft widersetzen. *Aber wenn Gott einige von denen segnet, welche die Glossolalie betreiben, so beweist das nicht, daß dieser Segen von der Glossolalie herrührt* — nicht mehr als eine besondere Art der Wassertaufe unbedingt den Segen erklärt, den Gott denen schenkt, die sie praktizieren. Gott segnet *sein Wort*, manchmal *trotz* der Unwürdigkeit dessen, der es verkündigt.

Glücklicherweise habe ich nicht über meine Brüder zu Gericht zu sitzen. Gott wird uns alle richten. Wenn wir aber auch nicht dazu berufen sind, die *Person* unserer Brüder zu richten, sind wir doch ernsthaft dazu aufgerufen, *ihre Lehre* und ihre Praxis zu beurteilen. Paulus sagt ja über das prophetische Wort: »Die anderen laßt *urteilen* (gr.: beurteilen, abwägen).« Das will ich tun. Ich möchte nicht, daß meine Schlußfolgerungen als ein Angriff auf meine Brüder ausgelegt werden. *Ich bitte sie vielmehr, die Schriften mutig zu durchforschen, um zu sehen, ob das, was ich sage, wahr ist* — wie die Leute in Beröa, die Paulus zuhörten (Apg.17:11).

Ich glaube nämlich, daß alle christlichen Denominationen es nötig haben, sich durch eine aufrichtige Umkehr zum Wort Gottes zu prüfen und zu reinigen. Jede christliche Generation hat es nötig, ganz von neuem zur Quelle der Wahrheit zurückzukommen.

Scheinbarer Erfolg kommt nicht unbedingt von Gott

Man hört oft: *»Wir sind zahlreich. Das beweißt, daß wir recht haben.«* Ein spektakuläres, zahlenmäßiges Wachstum ist nicht notwendigerweise ein Zeichen göttlichen Segens. Wäre das der Fall, so wären wir gezwungen, den Kommunisten, den sogenannten Zeugen Jehovas, den Mormonen, der Moon-Sekte und allen scheinbar erfolgreichen Bewegungen recht zu geben.

Der Segen Gottes ist zunächst *geistlich*. Jeremia, Noah und viele andere Gottesmenschen waren einsam und wurden von ihrer Generation mißverstanden. Und Jesus wurde am Kreuz von allen verlassen. Letzten Endes können wir den Wert eines Werkes nur mit dem Maßstab des Wortes Gottes messen.

Warum all dies Plappern?

Sehr häufig werden die Nichteingeweihten gelehrt, mit einem Lallen zu »beginnen«, das dann »weiterentwickelt« oder »geübt« oder »praktiziert« werden soll, bis es zu einer »Zunge« wird. Es versteht sich von selbst, daß diese Methode keinerlei biblischen Grund hat. Hört man in Apg.2 oder bei Cornelius die jungen Glaubenden lallen, mit Silben experimentieren, schrittweise »die Gewohnheit« erlangen, »in Zungen« zu reden? Und wer wird nicht verstehen, daß ein Kauderwelsch nicht unbedingt geheiligt ist, selbst wenn es in einem Gottesdienstraum hervorgebracht wird?

Ein anderes, besonders beunruhigendes Kennzeichen der Glossolalie ist der weitverbreitete Hang, mehr oder minder mechanisch die Worte »Jesus, Jesus«... »Herr, Herr«... »Halleluja, Halleluja«... und andere zu wiederholen. *Und doch hat Christus uns ausdrücklich verboten, unnützes Geschwätz zu machen.*[125] Nicht die Bibel, sondern die anderen Religionen suchen einen Zugang zur unsichtbaren Welt mittels einer Wiederholung von *Mantras* und anderen heiligen Formeln. Gott bewahre uns, solche Methoden zu gebrauchen! Ich habe — wie ich glaube, mit offenem Sinn — sehr verschiedene Typen der »Glossolalie« gehört. Aber ich begegne darin nicht der Stimme Gottes, wie ich ihr in der Bibel begegne. Hier kommt sie immer mit unbestreitbarer Klarheit auf mich zu.

Fels oder Sand?

Wie ist es zu erklären, daß viele an der Glossolalie festhaltende Personen so außerordentlich leicht ihre Lehre im wesentlichen auf empirische Erfahrungen gründen, die gerade Mode sind oder die sie selber gemacht haben (und die manchmal irreführen)? Warum gründen sie ihre Lehre dagegen nicht *einzig* und *allein* auf das Wort Gottes? Warum begnügen sie sich so oft mit einer unzureichenden oder sogar falschen Auslegung des Bibeltextes? Wie kann man da zwischen dem Anteil Gottes und dem Anteil des »Fleisches« unterscheiden? Denn diese Trennung ist nur durch die unnachgiebige Prüfung mit dem *geschriebenen* und *unveränderlichen* Wort Gottes möglich!

Ein Glaube, der das Licht scheut?

Wie erklärt es sich, daß die Glossolalie so oft zur Zwangsvorstellung wird? Sie wird zu einem Schleier, der den Verstand für jedes Licht biblischer Herkunft verschließt, das die Gepflogenheit und die Lehrmeinung in Frage stellen würde. Der wahre Glaube ist jedoch immer für das Wort Gottes offen. Er hat keine Angst, sich durch die Wahrheit prüfen und verbessern zu lassen.

Wo ist das Vorbild zu finden?

Besonders stört es mich an der gegenwärtigen Glossolalie, daß nirgendwo in der Bibel das Vorbild zu finden ist. Dem ist noch hinzuzufügen — wie ich an anderer Stelle daran erinnere — , daß ich in der Schrift *kein Gebot* finde, das mich zwingen würde »in Zungen« zu reden. Es gibt keine Stelle, die mir sagt, dies sei nötig. Es gibt nicht einmal eine Ermahnung, »in Zungen« zu reden. Was die bereits untersuchten Halbverse in 1.Korinther 14 anbelangt: Ihr Sinn ist, wenn sie im Zusammenhang belassen werden, überhaupt kein Argument zugunsten der Glossolalie. Ganz im Gegenteil ermahnt uns Paulus, nach anderen Dingen zu streben: Nach der Weissagung und den »größeren Gaben«.

Ein unglaublicher Fall

Ich habe vor einigen Jahren einer sogenannten Evangelisationsversammlung beigewohnt. Sie war durch viel Werbung angekündigt worden. Sie dauerte fast vier Stunden. Während des ganzen Abends öffnete der Prediger nur einmal die Bibel und nur für ein oder zwei knappe Minuten. Hingegen gab es zwei sehr lange Aufrufe, um Geld zu bekommen. Am meisten hat mich aber folgendes betrübt: Alles, was der Evangelist den Anwesenden anzubieten hatte, war, sie alle »in Zungen singen« zu lassen! Wo findet man ähnliches im Neuen Testament? Paulus hat nie versucht, den Menschen, die er evangelisierte, den Geldbeutel zu öffnen.[126] Und glauben Sie wirklich, daß es auf dem Areopag in Athen sein Ziel war, die Philosophen »in Zungen singen« zu lassen?

Verwechslung von Licht und Finsternis

Warum findet man bei den Anhängern der Glossolalie so oft dieses Argument: »Die Lehre ist zweitrangig. Auf die Erfahrung kommt es an.«? Mit anderen Worten: »In Zungen« zu reden ist die Grundvoraussetzung für wahre brüderliche Gemeinschaft. So kommt es dazu, daß evangelikale Christen Gemeinschaft haben, nicht nur mit »Liberalen«, die die Gottheit Christi und die Eingebung der Heiligen Schrift leugnen, sondern auch mit »Traditionellen«, die der Maria die gleiche oder eine höhere Stellung einräumen als dem Sohn Gottes, und die der kirchlichen Obrigkeit ebensoviel oder noch mehr Wert beimessen als dem Wort Gottes. Das Licht hat keine Gemeinschaft mit der Finsternis.[127] Der Geist Gottes ist der Geist der Wahrheit. Er weigert sich, über grundlegende Fragen zu schweigen.

Anmerkung zum Marienkult

Viele, sogar sehr hochstehende Personen behaupten, die Glossolalie habe sie fester mit dem Marienkult und dadurch mit der Autorität des Vatikans verbunden. Für das katholische Denken ist der Heilige Geist ganz fest mit der Person der Maria verbunden, denn das römische Dogma nennt Maria »die Wohnung des Heiligen Geistes«. Es ist also für einen Katholiken gar nicht schwer, die sogenannte Verehrung des Heiligen Geistes mit dem Marienkult gleichzusetzen. Wenige Protestanten scheinen das begriffen zu haben.

Das »Zungenreden« beweist nichts

Das »Zungenreden« an sich beweist nichts — selbst wenn es sich um eine echte, wunderbare Sprache handeln würde. Denn die Dämonen können dieselbe Erscheinung bewirken. Das »Zungenreden« kommt in spiritistischen Kreisen häufig vor. Es war den heidnischen Religionen des Altertums wohlbekannt, wie es heute in den asiatischen Religionen und in den animistischen Religionen Afrikas und Lateinamerikas der Fall ist.

Ein »Zungenreden« an sich bietet keine Garantie dafür, daß es von Gott gewirkt ist. Es hat also keinen Wert, zu verlangen, daß ein Christ »in Zungen« rede, um zu beweisen, daß er den Heiligen Geist empfangen habe. Diese Forderung ist noch wertloser, wenn der betreffende Geist nicht der Prüfung durch das Wort Gottes unterworfen wird.

Es ist ebenso klar, daß das »Zungenreden« nicht als Maßstab dienen kann, um den »Grad von Geistlichkeit« eines Menschen zu ermessen. Das Neue Testament bietet viel sicherere Normen an, um den Zustand seiner Seele zu prüfen. Die Gemeinde in Korinth übte sich fleißig in der Glossolalie und war doch die »fleischlichste« unter allen apostolischen Gemeinden, die uns bekannt sind.

Deshalb sind der Text und die Lehre der Bibel so wichtig. Sie sind wichtiger als je zuvor. Gewiß brauchen wir eine echte Erfahrung von Gott. Wir brauchen die Fülle des *Geistes*, denn ohne ihn ist alles tot. Aber wir brauchen auch um jeden Preis die *Wahrheit*. Wir können nicht ohne das Licht des Wortes Gottes auskommen. Und gerade weil es so viele verführerische Geister gibt, hat uns Gott schwarz auf weiß die *genauen* Worte Jesu Christi, des Mose, des Paulus, des Johannes gegeben. Wie wollen wir sonst wissen, was sie wirklich gesagt haben?

Ein geistlicher und geheiligter Christ ist *nicht nur vom Geist Gottes, sondern genauso vom Wort Gottes erfüllt: Beides zugleich*.

Eine erschreckende Schlußfolgerung

Die gegenwärtige Erscheinung der Glossolalie entspricht nur wenig oder gar nicht den biblischen Fakten. Darum müssen wir die Frage sehr ernsthaft untersuchen. Und gerade das tun wir in diesem Buch.

Wenn aber die Glossolalie unseres 20. Jhr. nicht das echte biblische Sprachenreden ist, wo liegt dann ihr Ursprung? Wenn es wahr ist, daß wir den Großteil der modernen Glossolalie nicht dem Wirken Gottes zuschreiben können, müssen wir dann nicht die Schlußfolgerung ziehen, daß sie menschlichen und somit fleischlichen Ursprungs ist? Wie kann sie dann aber der Gemeinde Christi einen wahren und dauerhaften Segen bringen?

Kapitel 25

DÄMONISCHE SPRACHEN IN DER GEMEINDE?

Laßt uns logisch sein!

Das Problem reicht noch viel weiter. Das Fleisch öffnet jedesmal einem satanischen Wirken die Tür. Die bösen Geister liegen auf der Lauer, um unsere Rüstung zu durchdringen und unser Zeugnis unwirksam zu machen. Das gilt für alle Bereiche: Geld, Ehrgeiz, Macht, Stolz, Sexualität — alle Bruchstellen liefern den Mächten der Finsternis Mittel, den Menschen zu beherrschen.

Die dämonischen Mächte sind sich wirklich der fast unbegrenzten Möglichkeiten der menschlichen Zunge bewußt. Wenn sie die Möglichkeit sehen, die Zunge eines Glaubenden zu kontrollieren, dürfen wir sicher sein, daß sie es tun werden. Sei es durch Lüge, durch Verleumdung, durch Verkündigung einer falschen Lehre oder durch rein psychisches oder fleischliches Zungenreden«, das nicht der biblischen Kontrolle unterworfen ist — sie werden nicht zögern, eine so wichtige Gelegenheit auszunützen. Wieviele Gemeinden sind schon durch eine verleumderische Zunge zerstört worden! Ganz sicher setzt sich ein Mensch, der willentlich seine Zunge einer Macht außerhalb seiner selbst ausliefert, einem enormen Risiko aus.

Zwischen Menschlichem und Dämonischem

Niemand soll meinen, diese Warnung sei übertrieben. Diese Gefahr ist viel verbreiteter, als man glaubt. Nicht umsonst stellt Gott im Jakobusbrief die Worte *psychikos* (»psychisch«, das die rev.Elb. mit »sinnlich« und die Lutherbibel mit »menschlich« übersetzt) und *daimoniodes* (»dämonisch«; Elberfelder und Lutherbibel: »teuflisch«) nebeneinander. Er sagt wörtlich: Diese Wahrheit ist »irdisch, psychisch, dämonisch«.[128]

Ebenso erläutert Judas in seinem Brief in Vers 19 das Wort *psychikos* (rev. Elb.: »irdisch gesinnte [Menschen]« Züricher: »Sinnenmenschen«) durch den Ausdruck: »Die den Geist nicht haben«. Die Trennungslinie zwischen »seelisch« (oder:

»menschlich«, »fleischlich«, »sinnlich«) und »dämonisch« ist manchmal kaum zu erkennen.

Wir wissen, daß die Korinther noch durch den Götzendienst ihres früheren Lebens verseucht waren, ebenso wie durch Unzucht. Satan konnte seine falschen Apostel unter sie senden. Müssen wir uns da wundern, daß er heute eine solche Verwirrung in der Ausübung der Glossolalie einführen konnte? Paulus schreibt das »Sprachenreden« der Korinther nicht unbedingt einem dämonischen Wirken zu. Trotzdem läßt er uns nicht in Unkenntnis: Wenn der Geist Gottes nicht der Urheber einer Tätigkeit ist, dann ist sie unweigerlich vom Fleisch eingegeben. Die bösen Geister können solches Tun beeinflussen und es nach ihrem Willen ausnutzen.

Durch das Gleichnis vom Unkraut lehrt uns Christus, daß Satan gezielt seine Schachfiguren — und seine Spione — mitten in die Gemeinde hineinsetzt. Und daß selbst die Engel nicht immer das »Unkraut« vom »Weizen« unterscheiden können.[129] Vertreter des Teufels sind nicht nur falsche Christen, die sich in wenig erleuchteten Gemeinden rasch vermehren. Vertreter des Teufels sind auch Dämonen, die in den Zweigen des Senfbaums nisten können, der sich unnormal entwickelt hat.[130]

Die Gefahr eines satanischen Eingriffs besteht gewiß nicht nur im Bereich der Geistesgaben. Wie schon gesagt, bieten die fleischlichen Sünden, wie Habgier, Unzucht, Ehrgeiz und Stolz dem Feind ebensoviele günstige Gelegenheiten. Wer aber »in unverständlichen Zungen« redet, ist von einer Gefahr bedroht, die umso schwerer wahrzunehmen ist: *Denn er weiß nicht, was er sagt. Er kann sein Tun weder kontrollieren noch überprüfen*. Mit seinen Zuhörern steht es nicht besser. Sie können nur auf ihre Gefühle zählen, die niemals genügen, um zwischen Seele und Geist zu unterscheiden.

In vielen Gemeinschaften ermutigt man zum »passiven Verhalten«, zur »Abdankung der Vernunft«, um dem Raum zu geben, was man den »Geist« nennt. In einer solchen Situation ist es einem »anderen Geist« (wie Paulus in 2.Kor.11:4 sagt) verhältnismäßig leicht, den Platz des Geistes Gottes einzunehmen. — »Aber!«, wird man mir sagen, »Wieso sollten die Dämonen sich einen Spaß daraus machen, die Rolle des Heiligen Geistes zu spielen? *Man hat uns immer gesagt: Satan kann nicht auf ein im Namen Jesu gesprochenes Gebet antworten!«* — Ach, mein Bruder! Haben Sie nicht gelesen, was der Apostel Paulus sagt? Es gibt *»einen anderen Jesus«*

und *»einen anderen Geist«*, der vom Satan herstammt.[131] Hat der Sohn Gottes nicht gesagt, es würden viele Menschen so weit gehen, ihn »Herr, Herr!« zu nennen, um schließlich in der Hölle zu landen — sogar wenn sie (wohlgemerkt!) *in seinem Namen* Wunder getan haben?[132]

Deshalb ist es gut, mit dem Namen »Jesus« zusammen den Titel »Herr« oder » Christus« oder »Sohn Gottes« zu verwenden, besonders wenn man bewußt mit okkulten Mächten konfrontiert ist. Wiegen wir uns nicht in Illusionen: *Satan kann sehr wohl auf ein Gebet im Namen »Jesus« antworten,* und gelegentlich tut er es auch.

Das Zeugnis der Dämonen über Jesus Christus

Das Neue Testament offenbart uns, *daß die bösen Geister die Gottheit Jesu Christi anerkennen und ihm jedesmal ein wahres Zeugnis geben!*

— Markus 1:23-24: »Und sogleich war in ihrer Synagoge ein Mensch mit einem unreinen Geist; und er schrie auf und sagte: Was haben wir mit dir zu schaffen, Jesus, Nazarener? Bist du gekommen, uns zu verderben? *Ich kenne dich, wer du bist: der Heilige Gottes.«*

— Markus 3:11: »Und wenn die unreinen Geister ihn sahen, *fielen sie vor ihm nieder und schrien und sprachen: Du bist der Sohn Gottes.«*

— Lukas 4:41: »Und auch Dämonen fuhren von vielen aus, *indem sie schrien und sprachen: Du bist der Sohn Gottes.«*

— Markus 5:6-7: »Und als er Jesus von fern sah, *lief er und warf sich vor ihm nieder;* und er schrie mit lauter Stimme und sagte: Was habe ich mit dir zu schaffen, *Jesus, Sohn Gottes, des Höchsten?* Ich beschwöre dich bei Gott, quäle mich nicht!«

— Apg.16:16-18: »Eine Magd...die einen Wahrsagergeist hatte... schrie und sprach: *Diese Menschen sind Knechte Gottes, des Höchsten, die euch den (oder: einen) Weg des Heils verkündigen.«*

Wenn ein Geist für die Wahrheit Christi Zeugnis gibt, so ist dies noch kein Beweis, daß es sich um den Heiligen Geist handelt. Satan in Person liebt es, sich als *Engel des Lichts* zu verkleiden (2.Kor.11:14).

»Prüfet die Geister«, *das ist ein Gebot.* Wer es nicht tut, ist Gott ungehorsam: *Er sündigt.*

Der Feind versteht auch, »Gutes zu tun«

»Wenn ich 'in Zungen' rede«, so hat man oft zu mir gesagt, »tut es mir wohl!«

Man behauptet manchmal, der Teufel könne das Wirken Gottes nicht nachahmen. Das ist Unsinn. Die Apostel werden nicht müde, uns vor den Listen Satans zu warnen. Die Statistiken beweisen, daß in den psychiatrischen Anstalten Amerikas ein großer Teil der behandelten Fälle gerade Personen sind, die eine ekstatische Erfahrung »in Zungen« gemacht haben. Daß die Glossolalie zunächst einen Segen zu bringen scheint, bedeutet nicht, daß sie unbedingt von Gott kommt. Gott hat uns sein Wort gegeben, eben um uns gegen die Listen Satans zu schützen. *Er ließ es sogar niederschreiben, um uns jede Vieldeutigkeit zu vermeiden.* Sein Geist hat dieses Wort verfaßt. Er kann uns damit erleuchten. Manch einer wagt sich auf das Gebiet des Unsichtbaren, ohne richtig die von Gott in der Schrift offenbarte Wahrheit zu kennen. Er gibt sich den Tricks eines Feindes preis, der bei weitem intelligenter und mächtiger ist als wir. Gott bewahre uns vor solchem Irrsinn!

Eine persönliche Erfahrung

Vor einem Vierteljahrhundert hätte ich Mühe gehabt zu glauben, daß die Dämonen so stark auf Glaubende einwirken können, und dies mitten in einer christlichen Gemeinde. Aber Gott ließ es zu, daß ich aus nächster Nähe mit diesem Problem konfrontiert wurde. Ich wurde mehrmals unmittelbar Zeuge von Ereignissen, deren Bedeutung außer Zweifel steht.

In meiner Amtstätigkeit mußte ich in einem gegebenen Augenblick und an einem bestimmten Ort eine beängstigende und äußerst verworrene Situation meistern. Und doch zögerte ich vor dem Unbekannten. Ich wollte mich um nichts auf der Welt aus Unwissenheit einem Wirken des Geistes Gottes widersetzen. Schnell erkannte ich, daß unbestreitbar ein »Geist« am Werke war. Aber es gelang mir nicht, seinen Ursprung festzustellen.

Gott antwortete mir in zwei Etappen. Zunächst erleuchtete er mich durch dieses Wort des Herrn Jesus Christus: *Meine Schafe kennen meine Stimme* (Joh. 10:4). Wenn es also die Stimme Christi war, die ich in diesen Begegnungen hörte, so würde ich sie ohne den Schatten eines Zweifels wiedererkennen. Wenn der gute Hirte zu seinen Schafen spricht, *wissen sie*, daß er es ist. Aber in meiner damaligen Lage war jedesmal in meinem Geist ein »Fragezeichen«, ein tiefes Unbehagen in meiner Seele angesichts der Verwirrung von Stimmen und Sprachen, die ich hörte.

Durch dieses klare Wort Jesu Christi gab mir Gott jedoch sofort zu verstehen, daß dieses Element des Zweifels ein schlechtes Zeichen war: Es war ein Warnsignal. Ich war mir noch nicht im klaren über das Wesen jenes »anderen Geistes«. Ich wagte nicht zu sagen, ob er vom Menschen oder aus der unsichtbaren Welt stammte. *Aber ich wußte: Das ist nicht die Stimme meines Herrn Jesus Christus.*

Ich werde mich mein Leben lang an eine »private« Gebetsversammlung erinnern, der ich beiwohnen konnte. Die Anwesenden ließen sich zu Übertreibungen hinreißen, die meinen Geist heftig schockierten. Plötzlich fing einer von ihnen, der mir übrigens der geistlichste von allen zu sein schien (oder vielleicht, der am wenigsten fleischlich war?), in einer unbekannten Sprache eigenartig zu singen an. Er sprach dabei nur einen einzigen Satz aus, dessen zwei erste Worte ich recht gut behalten habe: *Maha Devi*. Der Mann legte dann diesen Satz auf französisch folgendermaßen aus: »Ich bin der Allmächtige Gott: Vertraue mir!« Er wiederholte den Satz *sechsmal* und übersetzte ihn *sechsmal* in derselben Weise. Deshalb blieb er mir im Gedächtnis haften. Für die anderen Anwesenden dieser Versammlung war es Gott, der zu ihnen sprach. Sie bejubelten diese »Zunge« mit vielen »Amen« und »Hallelujas«... Aber für mich war es etwas ganz anderes. Ich hatte endlich die Stimme des Geistes erkannt, mit dem ich konfrontiert war: Es war die Stimme des Feindes. Die wahre Bedeutung der sechsmal wiederholten Worte war der Beweis. Denn *Maha Devi* bedeutet: Die große Göttin. Das ist (neben anderen) ein Titel der Gattin Schiwas. Schiwa ist die dritte Person der hinduistischen Dreizahl, der Gott der Zerstörung. Maha Devi wird in Indien überall unter verschiedenen Formen angebetet, einschließlich der Formen der Göttinnen *Kali und Durga*. Durga ist eine schreckenserregende, zerstörerische Gottheit. Kali bedeutet: Die Schwarze. Sie wird mit einer Halskette von Totenköpfen und Leichenhänden dargestellt. In der Hand hält sie einen abgeschlagenen Kopf. Sie ist mit Blut besudelt und streckt die Zunge heraus.

Und nun identifizierte dieser Mann, der sich »Christ« nannte und den Sinn seines »Zungenredens« nicht verstand, diese heidnische Gottheit mit dem »Allmächtigen Gott« und befahl uns, ihr zu vertrauen... Diese Erfahrung öffnete mir brutal die Augen. Ich verstand, warum Gott uns gebietet: »Prüfet aber alles.«[133]

Ich bin fest davon überzeugt, daß es in der modernen Glossolalie nicht nur einen stark menschlichen, d.h. fleischlichen Teil gibt, sondern auch einen zunehmend dämonischen Teil. Das scheint auf den ersten Blick unglaublich. Aber ich rufe zum Gott und Vater des Herrn Jesus Christus, daß er Licht in diese Lage bringe. *Die Gemeinde Christi hat es bitter nötig, sich von dieser Beziehung zum Okkulten zu reinigen.*

Ein indischer Christ berichtet

Hier folgt ein Fall von Glossolalie, der sich 1943 in Indien im Verlauf einer christlichen »Konvention« zutrug. Ein indischer Bruder berichtet den Vorfall als Augenzeuge:

»Ein Mann aus Südindien strebte danach, »in Zungen« zu reden. Er warf sich nieder und begann dann wie eine Maschine mit schwindelerregender Geschwindigkeit auf englisch die Worte »Praise the Lord« (»Lobet den Herrn«) herzusagen. Eine Stunde lang wiederholte er diesen Satz ohne Unterbrechung, bis seine Kehle trocken wurde. Dann verlor er in einem bestimmten Augenblick die Kontrolle über seine Zunge. Das klang dann so: »Praise the Lord, Praise the Lord, Praze the Lord, Praze the lod, Paze the lod, Puz the lod, puz, puz, puz, pizz the lud, pay, pay, pay, pa, pa, p, p, p, p,...« Dann fing er an zu schreien. Darauf begann seine Stimme ein sehr kompliziertes Stottern auszusprechen. Dies dauerte etwa fünfzehn Minuten, dann schrie er plötzlich in hervorragendem Persisch und Arabisch. Er sagte darauf ein in schöne Verse gefaßtes Gedicht auf Sanskrit auf und sang klassische indische Melodien. Das Ganze dauerte etwa fünfundvierzig Minuten.

Nach dieser Erfahrung nahm ich ihn allein beiseite und fragte ihn, was ihm geschehen war. Er antwortete mir, er erinnere sich nur an die Augenblicke, als er stotterte. Als er wieder zu Bewußtsein kam, hörte er die Leute um sich herum sagen: »Er hat 'in Zungen' geredet.« Daraus zog er den Schluß, daß er endlich das empfangen hatte, was man für die »Geistestaufe« hielt. Am nächsten Tag sah ich auf seinem Gesicht Zeichen der Erschöpfung.

Ich fragte ihn, ob das seiner Meinung nach wirklich eine

vom Heiligen Geist bewirkte Erfahrung war. Er war beleidigt und wurde sehr zornig. Er besaß überhaupt nicht die wahre Freude noch das Leben, das aus der Fülle des Geistes fließt. Das hielt ihn jedoch nicht davon ab, von jenem Augenblick an einen gewissen Überlegenheitskomplex zu pflegen.

Dieser Mann kannte tatsächlich weder Persisch, noch Sanskrit, noch Arabisch. Und doch hatte er diese Sprachen wirklich gesprochen. Ich blieb darüber verblüfft. Kurz darauf erinnerte ich mich an einen ähnlichen Fall, der sich während einer spiritistischen Sitzung zugetragen hatte.«[134)]

Ich fühle mich nicht dazu berufen, eine Studie über die »dämonischen Zungen« zu machen. Es gibt Personen, die das besser können als ich. Ich begnüge mich damit, meinen Leser auf das Zeugnis eines Mannes aufmerksam zu machen, den Gott gebrauchte, zahlreiche Seelen aus dem Einfluß des Teufels zu befreien.[135)]

Kann ein wahrer Christ von einem Dämon besessen sein?

Das Neue Testament redet von keiner dämonischen Besessenheit eines Gotteskindes. Trotzdem lesen wir in Apg.5:3, daß Satan das Herz von zwei Glaubenden erfüllen konnte: Ananias und seine Frau. Es kostete sie übrigens das körperliche Leben. Auch Paulus überliefert in 1.Kor.5:4-5 den ehebrecherischen Glaubenden in Korinth dem Satan zum Verderben des Fleisches, damit der Geist dieses Mannes errettet werde. Mir scheint das Wort Gottes zwischen »Besessenheit« einerseits und »Angefochtensein« oder »Einfluß« andererseits zu unterscheiden. Es ist klar, daß Satan und seine Mächte einen Einfluß und sogar eine gewisse Autorität auf den Glaubenden ausüben können. Wenn dieser dem Satan eines seiner Glieder oder einen Bereich seines Lebens ausliefert, so besitzt Satan selbstverständlich ein gewisses Maß an Autorität über diese Person: Er beutet das Gebiet aus, das ihm gehört.

Alles, was beim Glaubenden nicht der Autorität des Herrn Jesus Christus unterworfen ist, läßt unvermeidlich die Tür für ein Wirken des Feindes offen. Leider werden viele Christen auf die eine oder andere Art von Satan angefochten. Dennoch gibt es ein Gebiet, auf dem jeder wahre Christ dem Einfluß Satans völlig entzogen ist: Es handelt sich um den wiedergeborenen Geist des Glaubenden. Der Teufel kann auf den Leib und sogar auf die *Seele* eines Glaubenden einwirken, auf alles, was fleischlich oder einfach »natürlich« ist (gr.: *psychikos*, psychisch). Aber der *Geist* des Glaubenden, der mit dem Geist Gottes eins ist (siehe 1.Kor.6:17), kann bestimmt nicht durch ein dämonisches Wirken beeinflußt werden. Der neue Mensch, der von Gott geboren ist, kann nicht sündigen.[136] Wenn also ein Gotteskind unter die Macht Satans gerät, wird dadurch nicht sein Geist (gr.: *pneuma*) betroffen, sondern nur sein Leib (*soma*) und seine Seele (*psyche*). Gott sei Dank!

Trotzdem kann der wiedergeborene Geist des Glaubenden ernstlich am Handeln gehindert werden. Der Heilige Geist selbst kann betrübt und ausgelöscht werden, solange der Glaubende seine Sünde nicht bekennt und er nicht vom Einfluß des Feindes befreit ist.

Wie verrückt, den Mächten der Finsternis irgend einen Zugang zu lassen!

Kapitel 26

DER LOGOS GOTTES[137)]

Im Anfang war das Wort

Das Wort ist der Ursprung allen Daseins. Die Struktur der Materie, das Strahlungsprinzip, der genetische Code: Alles stammt aus der unendlichen und ewigen Weisheit, die Gott seinen *Logos*, sein *Wort*, nennt. Dieses *Wort* wurde in der Person Jesu Christi Fleisch.

Der Logos ist logisch

In der Person Jesu Christi besitzen wir den *genauen* Ausdruck der Gedanken Gottes.[138)] Nichts Verschwommenes ist in diesem Ausdruck. Nichts Irrationales ist im Charakter und Leben Jesu. Genauso ist die Bibel der Logos Gottes. Sie ist der Ausdruck seiner Gedanken, seiner Weisheit, seines Verstandes. Dieser göttliche Logos ist jedoch nicht *unlogisch.*

> »Die Eröffnung deiner Worte erleuchtet, sie gibt Einsicht den Einfältigen.«[139)]

Christus ist also das Wort, die Weisheit, *der Verstand* Gottes. Sein Wort ist die Offenbarung der Gedanken Gottes. In dieser ganzen Offenbarung gibt es *nichts Dunkles, nichts Vieldeutiges, nichts Irrationales, nichts Unverständliches. Gott geht so weit, sich mit seinem Wort zu identifizieren,* denn es steht geschrieben:

> *»Das Wort war Gott.«*[140)]

Wie könnte dieses Wort irrational sein?

In ihm ist gar keine Finsternis

Wo kommt nun der moderne Widersinn her, die höchste Ausdrucksweise des Geistes und des Gedankens Gottes sei *unverständlich?* Gott hat uns sein Wort, seinen Logos, in seiner vollen Klarheit anvertraut. Warum sollten wir *ein anderes Wort* suchen, das kein Wort und nicht einmal überprüfbar ist? Dieser Gedanke kommt nicht und kann nicht aus der Bibel kommen. Die Suche nach einer irrationalen Erfahrung hat ihre Wurzeln nicht im *Logos* Gottes. Sie steht im Widerspruch zu der Auffassung von Gott, die wir in der Bibel finden.

Man wird mir vielleicht erwidern, daß der Glaube über den Verstand hinausgeht. Trotzdem!: Obwohl das Wort und der Geist Gottes unendlich weit über den menschlichen Verstand hinausgehen, machen sie doch aus ihm keinen Unsinn oder Widersinn. Manche Leute wollen ihren Obskurantismus in diesem Bereich rechtfertigen. Ich habe sie sagen hören, der Glaubende müsse auf seinen Verstand verzichten oder ihn wenigstens »auf Sparflamme« stellen. Denn, so sagen sie, der Glaube habe nichts mit dem Verstand zu tun. Das ist völlig falsch. Gott fordert zwar von uns, daß wir glauben, aber nicht, daß wir alles und jedes glauben. Er fordert gerade von uns, an *sein Wort* zu glauben. Und sein Wort ist vollkommen klar. Es geht nicht darum, einer Posaune zu folgen, die einen undeutlichen Ton gibt.

Der Marxismus, der neue Islam und die anderen großen Weltideologien wollen unbedingt die Menschheit für ihren Standpunkt gewinnen. Sie setzen dafür die ausgesuchtesten Mittel ein und bedienen sich vieler logischer Beweisführungen, die schwer zu widerlegen sind. Warum fliehen so viele Christen vor diesen zerdrückenden Mächten in eine irrationale Welt?

Mit ein paar unverständlichen Worten werden wir gewiß nicht die antigöttliche Propaganda des Kreml widerlegen oder den Islam überzeugen. Satan bringt gegenwärtig das Zeugnis Christi in der Welt in Verruf, indem er es den Menschen als Unsinn erscheinen läßt.

Gott will, daß wir unser ganzes Wesen in seinen Dienst stellen: Unser Gehirn, unsere Hände, alle unsere Mittel, um die Nationen zu erleuchten, indem wir ihnen die Erkenntnis Jesu Christi bringen.

Vom Rationalismus zum Irrationalen

Das Streben, um jeden Preis eine unverständliche Erfahrung machen zu wollen, stammt nicht aus der Bibel. So hat sie unvermeidlicherweise eine andere Quelle. Es wird immer deutlicher, daß sie *aus der Philosophie unseres Jahrhunderts* stammt. Seit der Zeit der Apostel wird die Gemeinde ständig durch die Philosophien und Religionen überschwemmt, die jeweils Mode sind. Das ist auch heute noch der Fall.

Seit der Renaissance stand die westliche Welt unter dem Einfluß der humanistischen Philosophien. Sie glaubte den Sinn des Universums und des Lebens allein durch den menschlichen Verstand entziffern zu können. Das erwies sich aber als Illusion.

Vom 19. Jhr. an befiel eine zweite, ebenso tragische Illusion die westliche Denkweise: Die Theorie, nach der die Menschheit durch die Normen einer unvermeidlichen Entwicklung zu einer Verbesserung ihres Zustandes auf allen Gebieten fortschreitet. Die Ereignisse des 20. Jhr. mit den zwei Weltkriegen, dem Rassismus und Terrorismus haben diese beiden unglaublich naiven Ideen zum Platzen gebracht.

Für alle, die Augen haben zu sehen, ist es schließlich klar, daß der Verstand es dem Menschen nicht erlaubt, den Sinn seines eigenen Lebens zu finden. Mehrere unserer westlichen Philosophen sind zu dem Schluß gekommen, daß das Leben sinnlos ist. Der Humanismus der Renaissance hat uns zur Atombombe geführt. *»Denn weil die Welt durch ihre Weisheit Gott in seiner Weisheit nicht erkannt hat...«*, sagt Paulus.[141]

Zwei unmögliche Humanismen

Das humanistische Denken weigerte sich, die Worte des größten aller Denker ernstzunehmen: Jesus Christus. Es verlief sich in zwei philosophische Sackgassen:

1.) Eine der Sackgassen ist *der Marxismus*. Er bestreitet, daß es über dem Universum, dem Leben, dem Menschen einen allerhöchsten Verstand gibt. Aber der Marxismus kann nicht die Natur des Menschen verändern. Ein Humanismus, der den Begriff eines unendlich guten Schöpfers verwirft, kann niemals den Menschen zum Bild dieser Güte umgestalten. Der Marxismus selbst ist eine Reaktion gegen eine andere Form des Materialismus, die den menschlichen Geist genauso zerstört: Ich meine den mißbräuchlichen Kapitalismus, der oft mit religiöser Intoleranz verbunden ist.

2.) Die andere philosophische Sackgasse, in die sich der Humanismus unseres 20. Jhr. hineinbegab, ist *der Existentialismus*. Der Mensch gelangte zu dem Punkt, wo er sagte: Es ist unmöglich, an einen rationalen oder gütigen Schöpfer zu glauben. Die Welt ist zu sinnlos. *Es sei denn, es gäbe einen anderen Ausweg als den Verstand.*

Dieser existentialistische Humanismus kam zu folgendem Schluß: Die Antwort auf das Rätsel des Universums, auf das menschliche Dasein auf diesem Planeten, der wahre Sinn des Lebens — wenn es überhaupt einen Sinn hat — *ist nicht durch den menschlichen Verstand zu suchen.* Dieser Verzicht läßt dem Menschen nur eine einzige Möglichkeit: Er muß die wahren Werte im Bereich des *Unverständlichen* durch *irrationale* Mittel suchen.

Eine solche Erfahrung erlaubt ihm zu behaupten, daß es ein reales »Etwas« gibt, oberhalb und jenseits des materiellen Lebens. »Etwas«, das die Vernunft weder erfassen noch jemandem mitteilen kann. Es handelt sich um eine *subjektive* Erfahrung, die aber zu einer beruhigenden »Objektivität« zu führen scheint. Für Millionen von Menschen wurde in den vergangenen Jahren die Suche nach einer »existentiellen« Erfahrung zum Verhängnis. Das Phänomen »Hippie«, Drogen, Okkultismus mitsamt schwarzer Magie und Satanismus, orientalische Mystik, Wallfahrten zu den alten Religionen Asiens, der überraschende Erfolg eigenartiger Sekten im Westen: Das alles läßt sich mit einem einzigen Wort erklären: *Die Verehrung des Irrationalen.*

Das ist die Auflehnung einer Generation, die durch den blinden Materialismus ihrer Eltern alle Illusionen verloren hat. Ihre Kinder wenden sich der unsichtbaren Welt zu, ohne die nötigen Waffen zu besitzen, um sich gegen die Mächte der Finsternis zu schützen. Und diese Mächte haben Europa und Amerika wie ein Wirbelwind ergriffen.

Natürlich steckt ein Stück Wahrheit im existentialistischen Weltbild. Diese Ähnlichkeit ist jedoch nur oberflächlich. Der Glaubensakt, den die Bibel verlangt, ist kein »Sprung ins Leere«. Er ist kein Engagement mit dem »Unbekannten«. Der biblische Glaube ist *begründet*. Es handelt sich da nicht nur um »Glaube«, sondern um den Glauben *an Christus.*

An Christus glauben ist kein irrationaler Akt. Gewiß ist Gott jenseits des Verstandes des gefallenen Menschen. *Aber er ist nicht jenseits des Verstandes*, denn er ist der Verstand in Person. *Sein Logos ist er selbst*: »Das Wort war Gott.« *Und dieser Logos ist nicht unlogisch.* Der Mensch, der an Christus glaubt, *weiß, was er tut*. Er ist bei vollem Bewußtsein. Der Hippie, der Drogensüchtige, der Mystiker dagegen liefert sich okkulten Mächten aus, die er nicht kennt.

DER EXISTENTIALISMUS DRINGT IN DAS CHRISTLICHE DENKEN EIN

In seiner ersten Reaktion gegen den Marxismus öffnete das Christentum dem Einfluß des Existentialismus die Tür. Dieser drang auf zwei verschiedene Weisen in das christliche Denken ein.

1. Eine existentialistische Theologie

Die existentialistische Philosophie fand dort fruchtbaren Boden, wo die rationalistische oder humanistische Kritik die Fundamente der biblischen Lehre untergraben hatte. Der Liberalismus fand im Existentialismus eine philosophische Form, die es ihm erlaubte, eine scheinbar christliche Struktur beizubehalten, um Anschauungen auszudrücken, die oft im Gegensatz zum Sinn des Evangeliums stehen!

Die liberalen Theologen des 19. Jhr. hatten im Namen der Wissenschaft versucht, die Bibel und den Glauben an Christus von jedem »übernatürlichen« Element zu befreien. Die neuen existentialistischen Theologen gehen in der Mehrheit noch weiter. Auch sie verwerfen die geschichtliche Echtheit der Bibel. Aber sie fügen hinzu, daß diese geschichtliche Echtheit keinerlei Bedeutung habe. Denn für sie hängt die Wahrheit nicht vom Verstand ab. Ihrer Meinung nach muß die Wahrheit in existentieller Weise »erfahren« werden. Ob die Bibel unfehlbar oder voller Fehler, ob Jesus Gott oder ein Mythos ist, hat für sie keinerlei Bedeutung. Denn die zu erstrebende Erfahrung ist subjektiv und nicht von der geschichtlichen Zuverläßigkeit des Neuen Testamentes abhängig.

Die Hegelsche Dialektik (Hegel: 1770-1831) raubt dem modernen Menschen jede Hoffnung, die Wahrheit zu erkennen. Alles ist relativ geworden. Dabei braucht der Mensch mehr als je zuvor absolute Werte, die ihm als Bezugspunkt dienen. Außerdem trägt der Existentialismus noch zur Verwirrung bei, indem er dem Menschen eine Erfahrung vorschlägt, die nur durch subjektive Gefühle prüfbar ist. Das soll das Heilmittel sein, das man uns anstelle des wahren Evangeliums Jesu Christi anbietet.

Der Mensch hat keine Hoffnung mehr, auf rationale Weise zu *wissen*, was er sucht. So bleibt ihm nur die Möglichkeit, es zu *fühlen*. Es bleibt ihm nur ein »Sprung« ins Ungewisse, ins Leere übrig, vielleicht, um sich und anderen endlich sagen zu können, *daß er weiß*, daß es letzten Endes »etwas« gibt.

2. Bis hin zu einem evangelikalen Existentialismus?

Aber das existentialistische Denken ist nicht nur durch die

großen theologischen Schulen in die Gemeinde einmarschiert. Es ist dem Feind gelungen, dieses Denken in anderen Formen mitten in die evangelikalen Kreise eindringen zu lassen. Für viele Christen unserer Tage ist das Irrationale über alles erhaben. Sie sind der Verkalkung und der Trägheit überdrüssig, welche die meisten Gemeinden kennzeichnen. Zahlreiche Christen sehnten sich nach geistlicher Erneuerung. Sie strebten mit Recht nach einer echteren Erfahrung des Heiligen Geistes. In seiner Barmherzigkeit hat Gott auf dieses Sehnen geantwortet: Große Mengen von Namenchristen fanden endlich die Wirklichkeit Christi, die sie zuvor nicht gekannt hatten. Dafür loben wir Gott.

Dennoch hat der Teufel es nicht versäumt, Knüppel zwischen die Beine zu werfen... Im Verlauf der »Erneuerung« hat man in den letzten Jahren mit Recht die Gaben des Geistes stark betont. Dieses Thema war von der Mehrheit der Gemeinden stark vernachlässigt worden. Aber warum konzentrierte man nicht die Aufmerksamkeit der Glaubenden auf die Gaben, die Gott die *größeren* Gaben nennt? Warum ist man im Gegenteil auf die Gaben versessen, die Paulus als kleiner betrachtet?

Es ist eine Sache, die Existenz dieser Gabe anzuerkennen und ihren richtigen Wert einzuschätzen. Aber warum will man sie zur Pflicht machen? Man »vergöttert« sie. Man strebt systematisch danach. Sie wird das unentbehrliche oder fast unentbehrliche Zeichen für den Empfang des Heiligen Geistes genannt... Da stellt sich uns die Frage: Woher kommt diese Unausgewogenheit, dieses Pochen auf *eine nicht rationale Erfahrung*, auf eine unverständliche Sprache?

In den Schriften redet Gott überall in einer bekannten Sprache zum Menschen. Es gibt nichts Vieldeutiges in seiner Ausdrucksweise. Gott übersteigt unseren Verstand, aber er zerstört ihn nicht. Er macht sich nicht über ihn lustig. Der Glaube, der auf die Heilige Schrift gegründet ist, erleuchtet den Verstand und verspottet ihn nicht. Der Geist Gottes macht keinen Unsinn daraus. Die existentialistische Verehrung des Irrationalen zwingt jedoch den Menschen dazu, seinen Verstand »auf Sparflamme« zu stellen oder ihn ganz beiseite zu lassen.

Gott will uns nicht zu Schizophrenen machen! Er will uns *ganz* in seinem Dienst. Er fordert unsere *vollständige* Heiligung: Geist, Seele und Leib.[142)] Er verlangt, daß wir ihn, wie Mose und Christus sagen, aus unserem ganzen *Herzen*, aus unserer ganzen *Seele*, aus unserem ganzen *Verstand* und aus unserer ganzen *Kraft* lieben. Das ist das erste und größte Gebot.[143] Wie kann man behaupten, Gott sei am besten verehrt, wenn wir ihn anbeten und ihm dienen *ohne unseren Verstand, ohne Intelligenz?*

Der Geist Gottes ist intelligent und hellsichtig in allen seinen Wegen

Wenn wir dem Heiligen Geist eine mit einer unverständlichen Sprache verbundene, irrationale Erfahrung zuschreiben, so ist das in meinen Augen eine Rückkehr nach Babel. Gottes Charakter läßt das nicht zu. Alles, was Gott tut, ist *Licht*. Der Heilige Geist ist zu verständig, um in einer Weise zu handeln, die der Weisheit Gottes, seines eigenen *Logos*, unwürdig ist. Vom Schöpfungsbericht bis zur Offenbarung stellt die Bibel sein Werk als völlig hellsichtig dar, ohne die geringste Vieldeutigkeit.

Aus diesem Grunde glaube ich nicht, daß der Heilige Geist sich durch »linguistischen Unsinn« äußern würde. Er will die Gemeinde erbauen. Darum wird er selbstverständlich die wirksamsten Mittel dazu benützen.

Der Geist Gottes ist nicht sinnlos

Der Geist Gottes offenbart uns in der Schrift seinen wahren Charakter. Er widerspräche sich selbst, wenn er sein Wirken im Gegensatz zu seiner Rede stellen würde. Die Offenbarung Gottes in der Bibel ist geradlinig.

Während seines Amtes hat Jesus seine Nachfolger nicht gefoppt. Alle seine Taten waren im höchsten Grad verständig und verständlich. Er wollte die Menschen, die sich zu Gott bekehrten, retten und erleichtern. Nur wer ihm willentlich sein Herz verschlossen hatte, verstand ihn nicht. Wenn wir die Wunder Christi mit denen der menschlichen Religionen und okkulten Kreise vergleichen, fällt uns der Unterschied auf. Letztere sind oft »nutzlos« und manchmal sogar lächerlich.

Nun ist der Heilige Geist der Geist Jesu Christi. Sein ganzes Werk gleicht dem Werk Jesu. Wer ihm einen sinnlosen oder »existentialistischen« Charakter zuschreiben will, beleidigt seine Intelligenz und Würde. Er macht Unsinn aus Gottes *Logos*. Die Wunder des Geistes, wie die Wunder Jesu, sind nie »nutzlos«.

Wenn die Posaune einen undeutlichen Ton gibt...

Wer kann darauf hoffen, einen Gott zu erkennen, der sich nicht auf ganz klare Weise offenbart? Welchen Wert kann man einer Rede beimessen, deren Sinn ungewiß oder gar unverständlich ist?

In seiner Barmherzigkeit hat Gott mit der Bibel gerade für die Bedürfnisse des Menschen gesorgt. Da er zu uns im Licht redet, sollte er da wünschen, daß wir ihm in der Finsternis antworten? Er wählte es, in unserer eigenen menschlichen Sprache und sogar in dem Menschsein Jesu zu uns zu sprechen. Warum sollte er da von unseren Herzen eine Redeweise erwarten, die wir selbst nicht verstehen? Gott wünscht vor allem, daß wir ihm durch unser *ganzes* Wesen unsere Liebe zeigen: Durch Leib, Seele und Geist. Er wünscht eine Antwort wie die des Paulus, der zugleich *mit dem Geist und mit dem Verstand betete.* Paulus sagte lieber fünf Worte mit seinem Verstand als zehntausend »in Sprachen«.

So bin ich davon überzeugt: Gott will lieber fünf »verständige« Worte hören, mögen sie noch so schwach sein — die aber aus der Tiefe unseres Wesens kommen und an denen unsere ganze Person beteiligt ist (einschließlich unseres Verstandes) — als zehntausend Worte, deren Bedeutung wir nicht verstehen.

Kapitel 27

DIE ZUNGE IST DAS TRANSPORT-MITTEL DES WORTES

Das mächtigste Leibesorgan

Die Auflehnung des Menschen gegen seinen Schöpfer stellte seine Zunge mitsamt seinem ganzen Leib unter die Gewalt der Sünde. Die Sünde wiederum setzt ihn dem Wirken des Feindes Gottes, dem Wirken des Teufels aus. Wenn ein Mensch sich aus freier Wahl dem Herrn übergibt, erfüllt ihn der Heilige Geist. Ihm gefällt es, die Macht Gottes durch den ganzen Leib dieses Menschen kundzutun: Durch seine Hände, seine Augen, seine Ohren, sein Gehirn,... Und doch ist die menschliche Zunge das Leibesorgan, das der Heilige Geist am meisten gebrauchen will.

Satan zielt vor allem auf die Zunge

Satan setzt besonders hoch auf die *Zunge* des Glaubenden. Durch eine einzige Zunge, die sich der Verleumdung hingibt, kann der Teufel eine Gemeinde zerstören. Durch eine einzige kleine, philosophische oder theologische Abweichung kann er eine geistliche Erweckung ersticken. Durch den Mund eines falschen Lehrers kann er große Volksmengen in die Irre leiten. Wie bereits gesagt, ist das Wort »Verleumder« (gr.: *diabolos*) mit Grund dasselbe Wort, das in unseren Bibeln mit »Teufel« übersetzt wird. Sobald es dem Satan gelingt, auf die Zunge eines Christen oder einer Christin Einfluß auszuüben, hat er das Mittel gefunden, das Werk Gottes zu zerstören: Er hat einen »Teufel« mitten in die Gemeinde hineingesetzt.

Eine Zunge, die nicht geheiligt ist, die nicht durch den Geist Gottes gezähmt und bewegt wird, kann zu einem Werkzeug teuflischer Mächte werden. Die bösen Geister wissen das und sind auf der Lauer, um die Zunge des Christen zu gebrauchen.

Der Kampf um die Zunge

Satan ist nicht blind über die Möglichkeiten der menschlichen Zunge. Sie interessiert ihn am meisten. Durch das Wort formt er die Philosophien, die den Lauf der Geschichte bestimmen. Durch die Macht der Zunge gründet er Weltreiche und fixiert für Jahrtausende das Denken der großen Zivilisationen. Die Bibel offenbart uns, daß der Antichrist von einem falschen Propheten unterstützt werden wird, der die ganze Welt ins Verderben reißen wird — und zwar durch das Wort, durch ein Bild, *das redet*! Sollte es sich um ein weltweites Fernsehnetz handeln, das von dem satanischen Übermenschen geleitet wird?

Durch die Zunge, durch das Wort der Apostel Jesu wurde die Wahrheit des Evangeliums überall eingepflanzt. Satan unternimmt seinerseits immer größere Anstrengungen, um das menschliche Denken zu beherrschen. Deshalb kämpft er, um sich ein Monopol über alle Propagandamittel zu sichern. In vielen Ländern ist es der unsichtbaren Armee Satans gelungen, jedes christliche Zeugnis zu verbieten. In den sogenannten »freien« Ländern greift sie eher auf Umwegen an: Sie schleicht sich in die Gemeinde ein, um dort Irrtum, Spaltung und Verwirrung zu säen.

Seine Hauptwaffe gegen die Gemeinde Christi ist *die Zunge:* Nicht nur die seiner eigenen Kämpfer, sondern mehr noch die Zunge der Glaubenden selbst. Die dämonischen Mächte sind bereit, durch irgendeine Bruchstelle in die Waffenrüstung des Glaubenden einzudringen! Sie wollen sein Sexualleben, seine Begierden, seinen Verstand, seine Arbeit und sogar seine christlichen Betätigungen beherrschen! *Aber selbstverständlich ist seine Zunge ihr begehrtestes Ziel.*

Größter Irrsinn

Was sollen wir hiervon halten?: Ein frommer Mensch liefert bewußt oder unbewußt — und es ist noch schlimmer, wenn es mit Absicht geschieht — ein so wichtiges Organ wie die Zunge einem Geist aus. Er meint, es sei Gottes Geist. Aber er hat diesen Geist *niemals* mit dem Wort Gottes *geprüft*. Ist es dann nicht fast unvermeidlich, daß die Mächte der Finsternis eine so außerordentliche Gelegenheit sofort ergreifen?

Satan ist natürlich nicht verrückt genug, sich einem Christen in der Gestalt eines Drachen aufzudrängen. Im Gegenteil wird er sich, wie Paulus sagt, in einen Engel des Lichts, in einen Apostel Christi verkleiden.[144] Er wünscht stets, daß die Menschen ihn für Gott selber halten. Er will sich dem »Höchsten« gleichmachen.[145] Ist es dann verwunderlich, daß er sich mit den Worten vorstellt: »Ich bin der Geist Gottes«?

Gott sagt: Prüft die Geister!

Wir stehen im Kampf »gegen die Mächte, gegen die Gewalten, gegen die Weltbeherrscher dieser Finsternis, gegen die Geister der Bosheit in der *Himmelswelt*«.[146] Gerade in der Himmelswelt begegnen wir ihren größten Listen, ihrem tückischsten und gefährlichsten Widerstand. Im Bereich des Gebets, auf rein *geistlicher* Ebene, müssen wir lernen, Satan auf *seinem eigenen Gebiet* zu besiegen. Gott sagt: »*Glaubt nicht jedem Geist, sondern prüft die Geister, ob sie aus Gott sind.*«[147]

Zwei ganz verschiedene Wirkungsweisen

Der Geist Gottes zwingt keinen Glaubenden derart dazu, seinen Willen zu tun, daß er dabei seine Persönlichkeit, seinen Willen, seinen Verstand auslöscht. Er wird kein einziges Leibesorgan in Anspruch nehmen, ohne daß der Mensch sich dessen voll bewußt und damit einverstanden ist. Die Dämonen suchen einen menschlichen Leib, den sie bewohnen oder wenigstens benützen und aussaugen können. Sie bedienen sich der Fähigkeiten und der Organe ihres Opfers mit manchmal überraschenden Ergebnissen.

Nun sagt die Schrift: »Die Geister der Propheten sind *den Propheten* untertan«[148] ...und nicht einem fremden Geist. »Die Frucht des Geistes ist ...*Selbstbeherrschung.*«[149] Der *Mensch*, der sich dem Geist Gottes unterwirft, bleibt Herr seiner selbst. Er bleibt Mensch. Er wird in Gottes Händen nie zu einer Maschine. Das ist der ganze Unterschied zwischen dem Wirken des Geistes Gottes und dem Wirken der Dämonen.

Das Göttliche und das Menschliche

Das Göttliche und das Menschliche vermischen sich im Wirken des Heiligen Geistes. Deshalb sagt das Neue Testament in den Zitaten des Alten Testamentes entweder: *Gott sprach...*, oder: *Mose sprach...Jesaja sprach...* Beide Aussagen sind wahr. Wenn der Heilige Geist sich unserer Zunge bedienen will, so sind wir es, die da reden — wir und kein Roboter. Aber es wird ebenso klar sein, daß Gott selbst durch unsere Lippen redet.

Gott verlangt von uns, daß wir ihm *unseren Leib* als lebendiges Opfer darbringen. Das nennt er einen »vernünftigen Gottesdienst«. Das griechische Wort für »Gottesdienst« bedeutet: »ein Dienst«. Das mit »vernünftig« übersetzte Wort könnte auch mit »rational« oder »logisch« wiedergegeben werden. Das griechische Wort *logikos* bedeutet: Was dem *Logos*, dem Verstand, dem rationalen und verständlichen Wort eigen ist.[150] Es ist klar: Unsere Zunge ist das Glied unseres Leibes, das Gott am meisten als Organ seines *Logos* benützen will. Warum sollten wir glauben, er wünsche einen unlogischen, unverständlichen, irrationalen Gottesdienst? Auch Satan will unseren Leib für seine Zwecke benützen... und das Glied, das er am meisten begehrt, ist unsere Zunge, Ihre Zunge!

»Tod und Leben sind in der Gewalt der Zunge!«[151]

Anhang A

DIE GABE DER UNTERSCHEIDUNG DER GEISTER

»Die Unterscheidungen der Geister«

Man redet oft von der »Unterscheidungsgabe«, als wäre sie praktisch gleichbedeutend mit der Gabe des »Wortes der Weisheit«. Es ist jedoch klar, daß beide Fähigkeiten voneinander verschieden sind, denn Paulus führt sie beide in derselben Gabenliste auf.[152)] Die »Unterscheidungsgabe«, die Paulus an dieser Stelle meint, ist mehr als ein einfacher Scharfblick. Paulus hebt hervor, daß es sich um die »Unterscheidungen *der Geister«* handelt. Er sagt wörtlich: *»Die Unterscheidungen* (Plural) *der Geister«* (gr.: *diakriseis pneumaton*).

Paulus erwähnt diese Gabe nur einmal. Er stellt sie mitten unter die Gaben der Weissagung, der Arten von Sprachen und der Übersetzung der Sprachen. Diese Tatsache läßt diese Gabe im Zusammenhang von 1.Korinther 14 als besonders wichtig erscheinen, wo Paulus gerade diese drei Gaben miteinander vergleicht und ihren relativen Nutzen untersucht.

Die Notwendigkeit, zu unterscheiden

Seit ältesten Zeiten gibt es *falsche Propheten.* Darum besteht Paulus darauf, daß diejenigen (gr.: der Rest, die anderen), die das Wort hören, über das Gesagte *urteilen.* Das griechische Verb *diakrinein* bedeutet: Unterscheiden, einen Unterschied treffen, untersuchen, entscheiden, urteilen (1.Kor.14:29).

Ja aber! Wenn also das Wort eines Propheten durch die Zuhörer kontrolliert werden soll, *um wieviel mehr muß dann eine unbekannte Sprache untersucht, geprüft, durchforscht, auf die Probe gestellt werden!*

Die Zuhörer werden jedoch Schwierigkeiten haben, sofort Stellung zu nehmen, weil der Sinn der Rede nicht offenbar ist. Selbst wenn die Rede von einer »Übersetzung« begleitet wird, hat die Versammlung dennoch die Pflicht, den Ursprung und den Wert nicht nur der Sprache, sondern auch der Übersetzung zu *unterscheiden,* zu *untersuchen* und darüber zu *beurteilen*. Hier erweist die Gabe der »Unterscheidungen der Geister« ihren Nutzen und Wert. Aber alle, die die wahre Gabe der »Unterscheidungen« ausüben, gründen ihr Vorgehen und ihre Schlußfolgerungen auf das Wort Gottes.

Die bösen Geister sind sehr scharfsinnig. Sie verwirren den menschlichen Verstand, indem sie den Irrtum als Wahrheit ausgeben. Die teuflische Lüge wird fast immer in einer Hülle von Wahrheiten angeboten. Wir dürfen nicht vergessen, daß Satan es wagte, den Sohn Gottes in Person verwirren zu wollen, indem er ihm in der Wüste das Wort Gottes zitierte.

Ich glaube, daß die Unterscheidungsgabe sich hauptsächlich bei denen entwickelt, die in der Vertrautheit Gottes leben. Das ist die Folge einer Vertiefung in das ganze Wort Gottes und einer Offenbarung von Gottes Angesicht im Gebet.

Das Okkulte unterscheiden

Heute scheint ein starker Prozentsatz der Personen, die wir in Europa evangelisiert haben — besonders die Jüngeren unter ihnen (und ohne die afrikanischen und asiatischen Länder zu erwähnen) — bewußt oder unbewußt Beziehungen zur okkulten Welt gehabt zu haben. Es genügt nicht immer, diesen Personen die Wahrheit zu predigen. Zwar überzeugt, sind sie doch manchmal *unfähig*, den entscheidenden »Schritt« zu tun. Sie werden von unsichtbaren Mächten zurückgehalten, die ihren Willen kontrollieren. Sie brauchen Hilfe und Befreiung. Sie brauchen besonders das wirksame Gebet eines oder mehrerer glaubender Jünger des Herrn Jesu, damit sie endlich von ihren unsichtbaren Ketten befreit werden. Dieses Buch behandelt nicht die Frage des Exorzismus. Ich begnüge mich darum hier damit, die Bedeutung der *Unterscheidung* der Geister und der Gabe zu unterstreichen, die eigens zu diesem Zweck gewährt wird.

Die Unkenntnis der Schriften führt fast überall zur Verwirrung der Gedanken. Wenn dann mitten in diesem Wirrwarr Personen auftreten, die den Akzent auf das *unverständliche* Wort legen, haben wir das Recht, Gott um ein Licht zu bitten, das unsere Finsternis erhellt. Wir brauchen ein echtes Wirken des Heiligen Geistes, um eine absolute Unterscheidung zwischen den wahren und den falschen Gaben treffen zu können.

Praktische Hinweise

Dieses Buch behandelt das Thema der »Gabe, Arten von Sprachen zu sprechen«. Darum müssen wir die Gabe der »Unterscheidungen der Geister« besonders in diesem Zusammenhang betrachten. Hier folgen einige Charakterzüge der falschen Geister der »Glossolalie«:

— *Der Geist Gottes stimmt mit dem Wort Gottes überein. Es ist sein Wort.* Jeder Geist des Ungehorsams, der die Autorität der Schrift in Frage stellt oder der sich als eine gleichrangige oder übergeordnete Autorität gegenüber der Schrift erhebt, ist offenkundig falsch.

— *Gott gebietet uns, die Geister zu prüfen.*[153] *Jede Weigerung auf dieses ausdrückliche Gebot ist darum sofort verdächtig.* Der Geist Gottes verlangt auf der Grundlage seines eigenen Wortes, »auf die Probe gestellt zu werden«.[154] Natürlich kann man Gottes Hilfe nicht von jedermann erlangen. Ein Mensch, der selbst in diesen Fragen nicht im Klaren und der Autorität der Schriften nicht unterworfen ist, kann keine Hilfe bringen. Im Gegenteil: Er kann die Verwirrung nur noch größer machen. Ich kenne einen besonders tragischen Fall dieser Art.

— *Ein stolzer Geist kommt nicht von Gott.* Demut ist das Zeichen wahrer geistlicher Größe. Der geistliche Mensch ist sich seiner eigenen Unzulänglichkeit bewußt. Er verachtet seinen Bruder nicht.

— *Der Geist Gottes spaltet nicht den Leib Christi. Er einigt dessen Glieder.* Jeder Geist, der eine Trennung zwischen Brüdern hervorruft, ist verdächtig. Was soll man hierbei von den vielen Spaltungen halten, die fast überall wegen der Glossolalie zwischen Christen entstanden sind? Wenn der Geist, mit dem man es zu tun hat, nicht eine wahre Liebe zu *allen* Brüdern in Christus bewirkt, können wir sofort ein Element erkennen, das nicht der Wahrheit entspricht.

Anhang B

GIBT ES EINE BIBLISCHE BEZIEHUNG ZWISCHEN DER HANDAUFLEGUNG UND DEM »ZUNGENREDEN«?

Gott sagt: »Die Hände lege niemand schnell (oder: leichtfertig) auf« (1.Tim.5:22).

Allen meinen Geschwistern in Christus sage ich entschieden: »Vorsicht! Laßt Euch *niemals* schnell, *niemals* ohne Überzeugung, von irgend jemand die Hände auflegen.«

Gewiß ist die Handauflegung unter bestimmten Umständen eine biblische Handlung. Das gilt für die Ernennung von Diakonen[155], für die Aussendung eines Missionars[156], für die Ernennung von Ältesten in den Gemeinden[157], für die Berufung eines Dieners Gottes, z.B. als Paulus die Berufung des Timotheus und Mose die des Josua anerkennt.[158]

Nach dem Gesetz Moses mußte jeder Jude dem Tier, das er Gott zum Opfer darbrachte, die Hände auflegen.[159] Durch diese symbolische Geste bat er Gott, ihn dem Tod des Tieres und dadurch im voraus dem Tod Christi anzugleichen. Auch wir empfangen die Vergebung unserer Sünden vom Augenblick an, wo Gott uns dem Tod und der Auferstehung seines Sohnes angleicht.

So ist das Auflegen der Hände nach der Bibel *ein Akt der Angleichung.* Diese feierliche Geste verpflichtet beide Partner zugleich. Es ist darum unerläßlich zu prüfen, welcher Geist durch diesen Akt vermittelt wird. Er kann einen göttlichen Segen bringen oder die betreffende Person dem Einfluß eines anderen Geistes als des Geistes Gottes aussetzen. Ein dämonisches Wirken kann durch dieses Mittel von einer Person auf eine andere übertragen werden. Ich kenne Fälle dieser Art. Ein Freund hat mir von einem Mann erzählt, der unbedingt einer von einem Dämon geplagten Frau die Hände auflegen wollte, um sie zu heilen. Die Frau wurde befreit. Aber der Dämon bemächtigte sich des Mannes, der von da an besessen war.

Deshalb verbietet uns Gott, die Handauflegung leichtfertig auszuüben. *»Lege niemand schnell die Hände auf«*, sagt er und fügt hinzu: *»Und habe nicht teil an fremden Sünden. Bewahre dich selbst rein.«*[160] Gott will nicht, daß wir uns den Sünden anderer angleichen. Durch die Handauflegung kann man an den Sünden anderer teilhaben.

Die moderne Gewohnheit, die Hände »schnell« und »reihenweise« aufzulegen — und außerdem mit dem Ziel, ein »Zungenreden« hervorzurufen — ist nicht auf der Bibel begründet. Sie öffnet Mißbräuchen und unbestreitbaren Gefahren Tor und Tür.

Das Wort Gottes lehrt nirgends die Handauflegung als Mittel, um die Sprachengabe zu vermitteln. In der ganzen Bibel gibt es nur eine einzige Stelle, wo zugleich die Handauflegung und das Reden in Sprachen erwähnt wird: Apg.Kap.19 Vers 6. In den Kreisen der modernen Glossolalie lehrt man die Handauflegung mit dem bestimmten Zweck, die Glossolalie zu bewirken. Diese Praxis ist natürlich nicht auf der Bibel begründet. Die Schrift lehrt das nirgendwo. Der einzige Text, der diese Praxis zu rechtfertigen scheint (Apg.19), lehrt sie jedoch nicht. Es wäre Unsinn, auf einen einzigen, uneindeutigen Text (Apg.19:6) ein so enormes Gebäude zu gründen. Zumal der Sinn dieses Textes klar wird, wenn wir ihn in Beziehung zum ganzen übrigen Bibeltext setzen.

Wir haben im Kapitel 4 dieses Buches den Grund gesehen, warum Paulus den zwölf jüdischen Jüngern Johannes des Täufers in Ephesus die Hände auflegte. Er gab ihnen zu verstehen, daß es weder zwei Herren, Johannes und Jesus, noch zwei geistliche Leiber Christi geben konnte. Die Männer unterwarfen sich dieser Geste und drückten auf diese Weise ihren völligen Glauben an Jesus als den Messias aus. In diesem Augenblick gab Gott ihnen seinen Geist. Apg.2 erklärt, warum sie bei dieser Gelegenheit auf wunderbare Weise in fremden Sprachen geredet haben. Eine Gruppe von Menschen, die vom Heiligen Geist erfüllt sind, bezeugt normalerweise ihren Glauben an Christus zuerst den Anwesenden: Entweder in einer Sprache, die von allen verstanden wird, oder in der Sprache derer, die sonst die Botschaft nicht verstehen könnten.[161] Paulus legte ihnen nicht die Hände in der Absicht auf, sie »in Zungen« reden zu lassen, *sondern er wollte sie zum Glauben an Christus, den einzigen Herrn führen.* Sie mußten sich ganz Christus angleichen.

Wer mit dieser Bibelstelle behauptet, die Handauflegung sei nötig, um die Fähigkeit des »Zungenredens« zu empfangen, argumentiert ohne jede Grundlage. Denn *ohne irgend ein menschliches Zutun* wird in Apg.2 der Geist Gottes gewährt und ermöglicht er wunderbar das Reden in Sprachen. Das gilt auch im Blick auf das Haus des Cornelius in Apg. 10.

Anhang C

GIBT ES EINE BEZIEHUNG ZWISCHEN DER GEISTESTAUFE UND DER SPRACHENGABE[162)]

Nirgends erwähnt das Neue Testament das Reden in Sprachen im Zusammenhang mit der Geistestaufe! Das mag überraschen, aber es ist wahr. Die Stellen, welche die Geistestaufe behandeln, erwähnen nicht ein einziges Mal die Sprachen. Und die Stellen, die von den Sprachen reden, erwähnen kein einziges Mal die Geistestaufe. Es ist besonders anzumerken, daß Apg.2, die klarste Stelle über die Sprachen, nicht die geringste Anspielung auf die Geistestaufe enthält.

Dies gilt für die ganze Apostelgeschichte. *Die Geistestaufe wird in ihr nur ein einziges Mal erwähnt, nämlich in der Weissagung des Herrn Jesus* (Apg.1:5), *die einmal durch Petrus angeführt wird* (Apg. 11:16). In »Das Wunder des Geistes«[163)] kommentiere ich diese Weissagung aufs genaueste, ebenso wie alle biblischen Texte, die sich auf die Geistestaufe beziehen. *Keiner dieser Texte erwähnt das Reden in Sprachen.*

Zwei unzulässige Texte

Viele Christen haben die Gewohnheit, sich auf die Kapitel 8 und 9 der Apostelgeschichte zu berufen, um die These zu unterstützen, das »Zungenreden« sei die unvermeidliche oder wenigstens die normale Folge der Geistestaufe. Es handelt sich um die Berichte der Bekehrung der Samariter (Kap.8) und des Apostels Paulus (Kap.9).

Keine dieser beiden Stellen erwähnt auch nur einmal die Geistestaufe, noch das Reden in Sprachen. Wer sich also eines dieser beiden Texte bedienen will, um zu beweisen, daß die »Zungen« das Zeichen der Geistestaufe sind, baut in jedem Fall auf eine unbegründete Vermutung — genauer gesagt auf zwei unbegründete Vermutungen. Warum will man bloß diese beiden Stellen als Lehrtext benutzen? Die Antwort liegt auf der Hand: Es fehlt an biblischen Grundlagen, die diesen Standpunkt rechtfertigen könnten.

Anmerkungen

1) Ep 6:11
2) Gal 5:16-21
3) Jud 19
4) Jak 3:14-17
5) Ep 4:15
6) Ep 4:7
7) Explosion de Vie, Kap.VII, Anhang. (Etwas später werde ich im vorliegenden Buch einige Begriffe der biblischen Auffassung der Gaben vermitteln. Siehe Kapitel 7)
8) *Das Wunder des Geistes,* Anhang II, Studie 1, Texte V,IX,X, Anhang 3.
9) Offb 7:9
10) Apg 1:8
11) Der Text erklärt nicht, ob der Lärm (phone) auf das Geräusch (gr.: *echos*, V.2) des gewaltigen Windes anspielt oder auf die allgemeine Unruhe, die durch die wunderbaren Sprachen der Jünger ausgelöst wurde. Der »Lärm« bezeichnet gewiß nicht die Sprachen selbst, sonst wäre das Wort *phone* (= Stimme) im Plural (phonai) wie in Lk 23:23.
12) *Proselyt* : Nichtjude (Heide), der sich zum Judentum bekehrt hatte.
13) 1.Kor. 14:33
14) Die revidierte Elberfelder trifft die Unterscheidung, indem sie *glossa* mit »Sprache« und *dialektos* mit »Mundart« übersetzt. Im Text gebraucht die Volksmenge beide Ausdrücke gleichbedeutend.
15) 1.Kor 14:22
16) 5.Mo 19:15; Mt 18:16; 2.Kor 13:1
17) 1.Kor 14:22. Siehe auch den Kommentar über 1.Kor 14 Verse 2 und 22.
18) *Das Wunder des Geistes,* Anhang II, Text 2.
19) Apg 18:24-28
20) Röm 8:9
21) Siehe meine Studie über Apg.8 in *Das Wunder des Geistes,* Anhang 2, Text VIII.
22) Mt 11:13 (11-14)
23) Was den Augenblick der Wiedergeburt der Apostel betrifft, siehe *Das Wunder des Geistes,* Anhang II, Studie I, Text I und II.

24) Siehe *Das Wunder des Geistes*, Kap.6 und 7. Siehe auch Anhang C.
25) Spr 8:8-9 (Züricher Bibel)
26) Apg 15:22, 27, 40
27) Apg 20:5-6
28) Röm 12:3-8; 1.Kor Kap.12,13 und 14; Eph 4:1-16. Siehe auch 1.Petr 4:10-11. Alle diese Texte werden ausführlich in *Explosion de Vie,* Kap.VII untersucht.
29) (Genaue Übersetzung des Urtextes)
30) Röm 12:4 und 6
31) 1.Petr 4:10
32) Eph 4:12-16
33) 1.Petr 4:10-11
34) Röm 12:6
35) Gal 5:13
36) 1.Kor 13:8-13
37) 1.Kor 3:1-3
38) Im Kapitel 11 gebe ich eine kurze Definition der Rolle des Propheten in der Gemeinde.
39) 1.Petr 4:10
40) 1.Kor 12:7
41) (Anm. des Übersetzers: Diese drei Worte griechischen Ursprungs sind im Deutschen meist mit »Weissager«, »Weissagung« und »weissagen« übersetzt. »Prophet« und »Weissager«, »Prophetie« und »Weissagung«, »prophezeien« und »weissagen« sind identische Begriffe.)
42) Ich habe diese Frage ausführlicher in *Explosion de Vie,* Kap.VII, untersucht.
43) Siehe *Explosion de Vie,* Kap.VII und Anhang IX.
44) Ich gebe hier die vollständige Liste der Bezugsstellen: 4.Mo 22:7; 23:23; 5.Mo 18:10 bis 14; 1.Sam 28:8-9; 2.Kö 17:17; Spr 16:10; Jes 16:6; 44:25; Jer 14:14; 27:9; Hes 12:24; 13:6,7,8,23; 21:26,28,34; 22:28; Mi 3:6,7,11; Sach 10:2; Apg 16:16-18. Dieses Wort und seine Ableitungen bezeichnen immer die Wahrsagerei. In 5.Mo 18:10-14 verurteilt Mose den (oder die) *Mantis* (Wahrsager) und die *Manteia* (Wahrsagerei) zusammen mit der Astrologie, der Zeichendeuterei, der Beschwörung, der Magie, der Zauberei, der Totenbeschwörung, der Wahrsagung, der Totenbefragung und dem Feueropfer von Kindern für Moloch. Bileam wird ein Mantis genannt (Jos 13:22), ebenso die falschen Propheten der Heiden.

45) Dieser Abschnitt wird ausführlich in meinem Buch *Explosion de Vie* untersucht.
46) Röm 11:29
47) Die 7 Ausnahmen außer 1.Kor 14:2: »Zu Ohren kommen« Mt 28:14; Apg 11:22; »es wurde bekannt« Mk 2,1; »erhören« Joh 11:41,42; »anhören« Apg 24:4; 26:3.
48) Apg 2:4-11
49) Kapitel 14 Vers 2 (Fortsetzung)
50) *Ironie:* Viele Kommentatoren weisen auf die Ironie in diesem Satz hin. Dies überrascht manchen, der sich weigert, aus der Stimme eines Apostels oder eines Propheten eine von Gott eingegebene Ironie zu hören.
Wir brauchen jedoch nur die Propheten des Alten Testamentes zu lesen, um in ihren Erklärungen eine kräftige Ironie zu finden, wenn sie zum Volk redeten, das sich für so klug hielt und doch zu blind war, zwischen Gut und Böse zu unterscheiden. Siehe z.B. Amos 4:4-5 in bezug auf 5:4-6.
Die Worte des Herrn Jesus selbst enthalten oft eine gewisse Ironie. Ich denke an mehrere seiner Gleichnisse. Besonders, wenn er die religiösen Oberhäupter auf ihre Heuchelei und auf ihre Weigerung hinweist, der Wirklichkeit ins Angesicht zu schauen. Das Gleichnis von den »Talenten« z.B. beruht auf einer wohlbekannten Tatsache: Herodes der Große war von Jericho nach Rom gereist, von wo er mit königlicher Vollmacht ausgestattet zurückkam. Jesus erzählte dieses Gleichnis im Augenblick, da er selbst Jericho verließ! Er überläßt es seinen Zuhörern, daraus den richtigen Schluß zu ziehen!
Und mit welcher Ironie greift Paulus selbst den Hochmut und den geistlichen Unverstand der Korinther an! Lesen Sie bitte 1.Kor 4:9-13 (und 14!) sowie 2.Kor 11:4 und 19-29).
Gott bedient sich der so unterschiedlichen Persönlichkeiten seiner Knechte, wie z.B. Mose, David, Jesaja, Johannes. Jeder hat seine persönliche Art. Auf dieselbe Weise gebraucht sein Geist alle nötigen literarischen Formen, um seine Beweisführung zu verstärken. Diese Verschmelzung von Göttlichem und Menschlichem erreicht ihren Höhepunkt in der Fleischwerdung des Sohnes Gottes.
51) 1.Kor 12:7
52) 1.Petr 4:10
53) Das sagt Paulus wörtlich im Vers 20.
54) Spr 8:8-9 (Züricher Übersetzung)
55) Röm 14:19

56) 1.Kor 14:12
57) Z.B. Joh 1:39: »Rabbi — was *verdolmetscht* heißt: Lehrer«; Joh 1:42: »Kephas — was *verdolmetscht* wird: Stein«; Joh 9:7:« Siloa — was *verdolmetscht* wird: Gesandter«; Apg 9:36: »Tabea, was *verdolmetscht* heißt: Dorkas« (gr.: Gazelle); 1.Kor 14:5,13,26,27,28; Hebr 7:2.
58) 1.Kor 12:10
59) Spr 8:8-9 (Züricher Übersetzung)
60) 5.Mo 19:15; Mt 18:16; 2.Kor 13:1
61) Apg 17:11; 1.Kor 14:29; 1.Joh 4:1-3
62) Spr 14:25; 19:5
63) 1.Joh 4:1-4
64) Mal 3:10
65) Spr 8:8-9 (Züricher Übersetzung)
66) 2.Kor 11:13-15
67) Siehe in diesem Kapitel im Teil »Das wahre Wesen der Gabe der Auslegung«.
68) 1.Kor.11:14; Röm.1:19-20; Ps 19:2, 8-2
69) Ri Kap.6 bis 8
70) Ps 119:105
71) Siehe in diesem Zusammenhang: 2.Kor 11:3-6, 13-15; Gal 1:8.
72) *Anmerkung:* Vers 13 wurde bereits im Anschluß an Vers 5 erläutert.
73) Siehe auch 1.Kor.3:1-3.
74) 1.Petr 4:10
75) Mk 12:30
76) 1.Kor 14:2 und 4
77) 1.Thes 5:23
78) Joh 4:24
79) Ps 31:20-21
80) Offb 5:9-10
81) Offb 14:3
82) Offb 15:3-4
83) Siehe Kapitel 5.
84) Siehe nochmals 1.Kor.3:1-3.
85) Siehe Kapitel 22.
86) Röm 12:4-6; 1.Kor 12:4,11,14-25,27-31
87) 1.Kor 12:31; 14:1,12
88) 2.Tim 4:5
89) Siehe die Erklärung des Sinnes der Weissagung im Kapitel 11 dieses Buches.
90) 1.Joh 4:1

91) Apg 17:11-12
92) 1.Kor 12:11+28
93) Lk 15:7
94) 1.Kor 9:19. Siehe auch V.20-22.
95) Mk 10:45
96) Siehe Explosion de Vie, Kap.III, über die Bedingungen der brüderlichen Gemeinschaft.
97) Jes 28:11
98) 2.Kö 15:8 bis 20:21 und besonders das Kapitel 17.
99) 5.Mo Kap.28 und besonders die Verse 49 bis 68.
100) Siehe hierzu 2.Kö 17:13ff.
101) Offb 2:16
102) Lk 21:20-24; Mt 24:2
103) Mt 24:5-44; 25:31-46; Lk 21:25-36
104) Siehe auch meinen Kommentar über 1.Kor 13:8-12.
105) 1.Kor 10:6 und 11
106) 1.Kor 7:26
107) Hebr 12:6; Offb 3:19
108) Mk 8:12
109) Jes 8:20 (siehe auch Vers 19)
110) Joel 2:12-14
111) 5.Mo 30:19-20
112) Ps 119:11 (Elberfelder) und Vers 10 (Züricher)
113) Apg 12:12,7,57-60
114) Phil 1:20
115) Siehe Explosion de Vie (Kap.VII): *Studie über die sogenannte Gabe der »Wunder«*, besser übersetzt mit »Machttaten«.
116) Die Bezugsstellen sind so zahlreich, daß es nicht möglich ist, sie alle in diesem Werk anzugeben. Wir haben hier ein anderes Thema vor Augen.
117) Joel 2:10-11,28-32; Apg 2:16-21
118) Hab 2:14
119) Siehe auch meine Bemerkungen über 1.Kor 14:21 gegen Ende des Kapitels 22.
120) Mt 18:16; 2.Kor 13:1
121) Unter dem Begriff »Glossolalie« verstehe ich in dieser Untersuchung die moderne Auffassung, während ich für die biblische Auffassung die biblischen Ausdrücke gebrauche: Die Gabe, Arten von Sprachen zu sprechen; oder: Sprachengabe; oder einfach: Sprachen.
122) Siehe zu diesem Thema »Das Wunder des Geistes«, Anhang II, Studie 1.

123) Siehe zu diesem Thema »Das Wunder des Geistes«, Anhang II, Studie 2.

124) Doktor Basil Jackman, M.D., D.P.M., M.Th., Litt.D., F.A.C.P., leitet eine psychiatrische Klinik im Wisconsin, U.S.A.

125) Mt 6:7-8 (Züricher)

126) 1.Kor 9:12-18; 2.Kor 11:7-10

127) 2.Kor 6:14-18

128) Jak 3:15

129) Mt 13:29 (Das ist zumindest der Fall, wenn die »Knechte« zugleich die »Schnitter« sind.)

130) Mt 13:32

131) 2.Kor 11:3-4

132) Mt 7:22-23; 25:11-12, 44-46

133) 1.Thes 5:21

134) Auszug aus dem Buch von G.H.Lang: »D'ou viennent ces langues?« (Ed. CCBP). (Dieses gut dokumentierte Buch ist ein objektiver, geschichtlicher Überblick der modernen Bewegung der »Zungen«. Sehr lesenswert!)

135) Zeugnis von George Birch. Im Deutschen nicht erhältlich.

136) 1.Joh 3:9: »Jeder, der aus Gott geboren ist, tut nicht (gr.: *ou poie*) Sünde, denn sein Same bleibt in ihm; und er kann nicht sündigen, weil er aus Gott geboren ist.«

137) Dieses Kapitel ist nur eine Zusammenfassung der ausführlichen Beweisführung, die in meinem Buch *»Le Don de parler diverses langues«* zu finden ist.

138) Hebr 1:3

139) Ps 119:130

140) Joh 1:1

141) 1.Kor 1:21 (Züricher)

142) 1.Thes 5:23

143) Mk 12:28-30; Mt 22:37-38

144) Hes 28:13-14

145) Jes 14:14

146) Eph 6:12

147) 1.Joh 4:1

148) 1.Kor 14:32

149) Gal 5:22

150) Röm 12:1

151) Spr 18:21

152) 1.Kor 12:8-10

153) 1.Joh 4:13

154) Mal 3:10

155) Apg 6:1-6
156) Apg 13:1-3
157) Apg 14:23
158) 1.Tim 4:14 und 2.Tim 1:6; 4. Mo 27:18,23 und 5.Mo 34:9
159) 3.Mo 1:4; 3:2; 8:14 usw.
160) 1.Tim 5:22
161) Ich erläutere diesen Bibeltext in meinem Buch »Das Wunder des Geistes«, *Anhang II, Studie 1*, Text X.
162) Siehe *Das Wunder des Geistes,* Anhang 2, Studie 2.
163) *Kapitel 7 und Anhang II,* Studie 1, Texte IV und V.

Die ausführliche Fassung meines Buches »Le don de parler diverses langues« (398 S.) gibt es nur in französisch. Sie können dieses Buch bestellen bei: Bücher für Christen, Schlörstr. 2, D-8000 München 19. Dort ist auch mein Buch »Das Wunder des Geistes« erhältlich.